MUITO PRAZER, SÃO PAULO!

GUIA DE MUSEUS E INSTITUIÇÕES CULTURAIS DE SÃO PAULO

SIMONA MISAN

THEREZA CAVALCANTI VASQUES

Fotos de
ARAQUÉM ALCÂNTARA
e ROMULO FIALDINI

PALAS ATHENA

Coordenação editorial: *Emilio Moufarrige*

Revisão de provas: *Lucia Brandão Saft Moufarrige*
Therezinha Siqueira Campos

Projeto gráfico: *Maria do Carmo de Oliveira*
Maurício Zabotto

Editoração: *Katia Regina G. Martinez*

Impressão: *Gráfica Palas Athena*

Fotos de *Araquém Alcântara e Romulo Fialdini,*
gentilmente cedidas para publicação neste guia .

CATALOGAÇÃO NA FONTE DO DEPARTAMENTO NACIONAL DO LIVRO

M678m

Misan, Simona / Vasques, Thereza Cavalcanti

Muito Prazer, São Paulo! Guia de museus e instituições culturais / Simona Misan, Thereza Cavalcanti Vasques. – São Paulo: Palas Athena, 2002.

192p. ; 11,5 x 20,5cm

ISBN: 85-7242-036-3

1. Museus – Brasil. Indicadores. I. Vasques, Thereza Cavalcanti. II. Título.

CDD: 069.0981

EDITORA PALAS ATHENA
Rua Serra de Paracaina, 240 - Cambuci
01522-020 - São Paulo - SP - Brasil
fone: (11) 3209.6288 - fax: (11) 3277.8137
www.palasathena.org
editora@palasathena.org

2002

Agradecimentos

MUSEU, conhecimento, estudo, memória, compromisso com o bem público.

Esforço a quatro mãos na realização deste guia, reflexão sobre nosso rico patrimônio, tão pouco conhecido.

Ideal maior de contribuir para a formação da brasilidade, da tão falada cidadania.

Obrigada a todos que nos incentivaram e nos ajudaram, especialmente a Araquém e Romulo, com suas fotos-poemas; Ariella, cedendo seu tempo de brincar; Cid Marcus, generosamente corrigindo e encorajando; Lia, com seu lindo prefácio; e a Palas Athena, concretizando um sonho.

A todos os amigos e principalmente à cidade de São Paulo, opção de vida.

Índice alfabético

ACERVO ARTÍSTICO DOS PALÁCIOS DO GOVERNO 19
ACERVO MONTEIRO LOBATO - SMC 20
ARTE NO METRÔ 21
CAPELA DO MORUMBI - SMC 22
CASA DE ANCHIETA - SMC 23
CASA DO BANDEIRANTE - SMC 25
CASA DA CULTURA FRANCESA - ALIANÇA FRANCESA 26
CASA DO GRITO E CAPELA IMPERIAL - SMC 27
CASA MÁRIO DE ANDRADE - OFICINA DA PALAVRA - SMC 28
CASA DA MEMÓRIA PAULISTANA - SMC 29
CASA DAS ROSAS - SEC 31
CASA DO SERTANISTA - MUSEU DO FOLCLORE ROSSINI TAVARES DE LIMA - SMC 32
CASA DO SÍTIO DA RESSACA - SMC 33
CASA DO TATUAPÉ - SMC 34
CENTRO BRASILEIRO BRITÂNICO 35
CENTRO DA CULTURA JUDAICA 36
CENTRO CULTURAL BANCO DO BRASIL - SÃO PAULO 37
CENTRO CULTURAL DE ESTUDOS AÚTHOS PAGANO - SEC 38
CENTRO CULTURAL FIESP 39
CENTRO CULTURAL DO LICEU DE ARTES E OFÍCIOS 42
CENTRO CULTURAL SÃO PAULO - SMC 44
CENTRO HISTÓRICO DA UNIVERSIDADE MACKENZIE 46
CENTRO HISTÓRICO-CULTURAL DA ENFERMAGEM IBERO-AMERICANA - USP ... 47
CENTRO PRÓ-MEMÓRIA HANS NOBLING - ESPORTE CLUBE PINHEIROS 48
CENTRO UNIVERSITÁRIO MARIA ANTÔNIA - CEUMA - USP 49
COLEÇÃO ONTOMOLÓGICA DE REFERÊNCIA - USP 50
ESPAÇO CULTURAL TABATINGUERA DA ELETROPAULO 51
ESPAÇO CULTURAL YÁZIGI INTERNEXUS 52
ESTAÇÃO CIÊNCIA - USP 53
FUNARTE 54
FUNDAÇÃO JAPÃO 55
FUNDAÇÃO MARIA LUISA E OSCAR AMERICANO 56
FUNDAÇÃO MOKITI OKADA 58
FUNDAÇÃO PATRIMÔNIO HISTÓRICO DA ENERGIA DE SÃO PAULO - SEESP 59
INSTITUTO ASTRONÔMICO E GEOFÍSICO - USP 62
INSTITUTO DE BOTÂNICA - USP 64
INSTITUTO BUTANTAN 65
INSTITUTO DE ESTUDOS BRASILEIROS - IEB - USP 67
INSTITUTO DE FÍSICA - USP 69
INSTITUTO GEOGRÁFICO E CARTOGRÁFICO - USP 70
INSTITUTO GEOLÓGICO - USP 71
INSTITUTO GOETHE 72
INSTITUTO HISTÓRICO E GEOGRÁFICO DE SÃO PAULO 73
INSTITUTO LINA BO E P. M. BARDI 74

INSTITUTO MOREIRA SALLES - IMS ... 75
INSTITUTO TOMIE OHTAKE ... 76
ITAÚ CULTURAL SÃO PAULO ... 77
MEMORIAL DA AMÉRICA LATINA - SEC ... 79
MEMORIAL DO IMIGRANTE - SEC ... 81
MUSEU DA ABADIA SÃO GERALDO ... 83
MUSEU DA AERONÁUTICA DA FUNDAÇÃO SANTOS DUMONT ... 84
MUSEU DE ANATOMIA HUMANA PROF. ALFONSO BOVERO - USP ... 85
MUSEU DE ANATOMIA VETERINÁRIA PROF. PLÍNIO PINTO E SILVA - USP ... 86
MUSEU ANTÔNIO VITUZZO ... 87
MUSEU DE ARQUEOLOGIA E ETNOLOGIA - MAE - USP ... 88
MUSEU DE ARTE BRASILEIRA - MAB ... 90
MUSEU DE ARTE CONTEMPORÂNEA - MAC - USP ... 92
MUSEU DE ARTE MÁGICA E ILUSIONISMO ... 94
MUSEU DE ARTE MODERNA DE SÃO PAULO - MAM ... 95
MUSEU DE ARTE SACRA DE SÃO PAULO - SEC ... 100
MUSEU DE ARTE DE SÃO PAULO ASSIS CHATEAUBRIAND - MASP ... 102
MUSEU DA ASSOCIAÇÃO DOS FUNCIONÁRIOS PÚBLICOS DO ESTADO DE SÃO PAULO ... 104
MUSEU DO AUTOMÓVEL ... 105
MUSEUS DE BAIRRO - SEC ... 106
MUSEU DO BANCO DO ESTADO DE SÃO PAULO ... 107
MUSEU BOTÂNICO DR. JOÃO BARBOSA RODRIGUES ... 108
MUSEU BRASILEIRO DA ESCULTURA - MUBE ... 109
MUSEU DA CAIXA ECONÔMICA FEDERAL ... 110
MUSEU CARMEN MIRANDA ... 112
MUSEU DA CASA BRASILEIRA - SEC ... 113
MUSEU CASA GUILHERME DE ALMEIDA - SEC ... 115
MUSEU CEROPLÁSTICO AUGUSTO ESTEVES - USP ... 116
MUSEU DA CIDADE - SMC ... 117
MUSEU DE CIÊNCIAS E PLANETÁRIO ... 118
MUSEU DO CLUBE ATLÉTICO PAULISTANO ... 119
MUSEU CONTEMPORÂNEO DAS INVENÇÕES ... 120
MUSEU DO CRIME - ACADEMIA DE POLÍCIA DR. CORIOLANO NOGUEIRA COBRA ... 121
MUSEU DA CULTURA - PUC-SP ... 122
MUSEU DA EDUCAÇÃO E DO BRINQUEDO - USP ... 123
MUSEU ESPÍRITA ... 124
MUSEU DA FACULDADE DE DIREITO - USP ... 125
MUSEU DE FARMÁCIA - USP ... 126
MUSEU FLORESTAL OCTAVIO VECCHI ... 127
MUSEU DO FOLCLORE ROSSINI TAVARES DE LIMA - SEC ... 129
MUSEU DE GEOCIÊNCIAS - USP ... 131
MUSEU GEOLÓGICO VALDEMAR LEFÈVRE - MUGEO - SEMA ... 132
MUSEU HERCULANO PIRES ... 133
MUSEU HISTÓRICO DA IMIGRAÇÃO JAPONESA ... 134
MUSEU HISTÓRICO IRMÃ BEATA ... 135
MUSEU HISTÓRICO PROF. CARLOS DA SILVA LACAZ - EPM ... 136
MUSEU HISTÓRICO WLADIMIR DA PRÚSSIA GOMES FERRAZ - UFSP ... 137
MUSEU DA IMAGEM E DO SOM - MIS ... 138

MUSEU DO INSTITUTO BIOLÓGICO – MIBIO 140
MUSEU E INSTITUTO OCEANOGRÁFICO – USP 142
MUSEU DO IPIRANGA (MUSEU PAULISTA) – USP 143
MUSEU DA IRMANDADE DA SANTA CASA DE MISERICÓRDIA 145
MUSEU JOSÉ BONIFÁCIO 146
MUSEU LASAR SEGALL 147
MUSEU DA MEMÓRIA DO BIXIGA 149
MUSEU DOS ÓCULOS GIOCONDA GIANNINI 150
MUSEU OSÓRIO CÉSAR – COMPLEXO HOSPITALAR JUQUERY – SES 151
MUSEU PAULISTA (MUSEU DO IPIRANGA) – USP 153
MUSEU PAULO MACHADO DE CARVALHO 154
MUSEU DA PESSOA 155
MUSEU DA POLÍCIA MILITAR 156
MUSEU DO PRESÉPIO – SEC 157
MUSEU DO RELÓGIO 158
MUSEU DO SANEAMENTO 159
MUSEU DE SAÚDE PÚBLICA EMILIO RIBAS – SES 160
MUSEU TÉCNICO-CIENTÍFICO OSCAR FREIRE – USP 161
MUSEU DO TELEFONE 162
MUSEU DO THEATRO MUNICIPAL – SMC 163
MUSEU DO TIETÊ 164
MUSEU DOS TRANSPORTES PÚBLICOS GAETANO FEROLLA 165
MUSEU DO TRIBUNAL DE JUSTIÇA 166
MUSEU DO WHISKY 167
MUSEU DE ZOOLOGIA – USP 168
OFICINAS CULTURAIS DA SECRETARIA DE ESTADO DA CULTURA 169
- OFICINA CULTURAL ALFREDO VOLPI
- OFICINA CULTURAL AMÁCIO MAZZAROPI
- OFICINA CULTURAL OSWALD DE ANDRADE
- OFICINA CULTURAL RAUL SEIXAS
- OFICINA CULTURAL DE SÃO MIGUEL LUIZ GONZAGA
- OFICINA DA PALAVRA CASA MÁRIO DE ANDRADE

OFICINA DO LIVRO "RUBENS BORBA DE MORAES" 170
PAÇO DAS ARTES – SEC 171
PINACOTECA DO ESTADO DE SÃO PAULO – SEC 172
SENAC 174
SESC 175
SOLAR DA MARQUESA DE SANTOS – SEC 178
GLOSSÁRIO 181
BIBLIOGRAFIA 187
AS AUTORAS 188
OS FOTÓGRAFOS 189

Índice por bairros

ACLIMAÇÃO
Museu Antônio Vituzzo 87

ÁGUA FUNDA
Instituto Astronômico e Geofísico – USP 62
Instituto de Botânica – USP 64
Instituto Geológico – USP 71
Museu Botânico Dr. João Barbosa Rodrigues 108

ALTO DA LAPA
Centro Cultural de Estudos Aúthos Pagano – SMC 38

ALTO DE PINHEIROS
Museu do Relógio 158

BARRA FUNDA
Casa Mário de Andrade – Oficina da Palavra – SMC 28
Memorial da América Latina – SEC 79
Museu Paulo Machado de Carvalho 154
Oficina da Palavra Casa Mário de Andrade 169

BELA VISTA
Centro Cultural FIESP 39

BEXIGA
Museu da Memória do Bixiga 149
Museu dos Óculos Gioconda Giannini 150

BOM RETIRO
Museu de Saúde Pública Emilio Ribas – SES 160
Museu da Polícia Militar 156
Oficina Cultural Oswald de Andrade 169

BRÁS
Oficina Cultural Amácio Mazzaropi 169

BUTANTÃ
Acervo Artístico dos Palácios do Governo 19
Casa do Bandeirante 25
Instituto Butantan 65

CAMPOS ELÍSEOS
FUNARTE 54

CAMBUCI
Fundação Patrimônio Histórico da Energia de São Paulo – SEESP .. 59

CANINDÉ

Museu dos Transportes Públicos Gaetano Ferolla 165

CENTRO

Casa de Anchieta 23
Centro Cultural Banco do Brasil – São Paulo 37
Espaço Cultural Tabatinguera – Eletropaulo................. 51
Instituto Histórico e Geográfico de São Paulo 73
Museus de Bairro.. 106
Museu do Banco do Estado de São Paulo 107
Museu da Caixa Econômica Federal 110
Museu Carmen Miranda 112
Museu da Cidade – SMC.................................. 117
Museu da Faculdade de Direito – USP 125
Museu José Bonifácio 146
Museu do Telefone....................................... 162
Museu do Tribunal de Justiça 166
Solar da Marquesa de Santos – SMC 178

CERQUEIRA CÉSAR

Centro Histórico-Cultural da Enfermagem.................... 47
Ibero-Americana-USP
Coleção Ontomológica de Referência – USP 50
Museu Ceroplástico Augusto Esteves 116
Museu de Arte de São Paulo Assis Chateaubriand – MASP .. 102
Museu Histórico Prof. Carlos da Silva Lacaz – EPM 136

CIDADE UNIVERSITÁRIA

Instituto de Estudos Brasileiros – IEB – USP 67
Instituto de Física – USP 69
Instituto Geográfico e Cartográfico – USP 70
Museu de Anatomia Humana Prof. Alfonso Bovero – USP..... 85
Museu de Anatomia Veterinária 86
Prof. Plinio Pinto e Silva – USP
Museu de Arqueologia e Etnologia – MAE – USP............ 88
Museu de Arte Contemporânea – MAC – USP 92
Museu do Crime – Academia de Polícia.................... 121
Dr. Coriolano Nogueira Cobra
Museu da Educação e do Brinquedo – USP 123
Museu de Farmácia 128
Museu de Geociências – USP 131
Museu e Instituto Oceanográfico – USP 142
Paço das Artes – SEC...................................... 171

CONSOLAÇÃO

Museu do Theatro Municipal – SMC 163

GUARAPIRANGA

Museu da Associação dos Funcionários..................... 104
Públicos do Estado de SãoPaulo

HIGIENÓPOLIS
Centro Histórico – Universidade Mackenzie 46
Centro Universitário Maria Antônia – CEUMA – USP.......... 49
Instituto Moreira Salles – IMS 75

IBIRAPUERA
Museu de Arte Moderna de São Paulo – MAM............... 95
Museu de Ciências e Planetário 118
Museu de Arte Contemporânea – MAC – USP 92

IPIRANGA
Casa do Grito e Capela Imperial - SMC 27
Museu de Arte Mágica e Ilusionismo........................ 94
Museu do Automóvel 105
Museu do Ipiranga (Museu Paulista) – USP................. 143
Museu Paulista (Museu do Ipiranga) – USP................. 153
Museu de Zoologia – USP 168

ITAQUERA
Oficina Cultural Alfredo Volpi 169

JABAQUARA
Casa do Sítio da Ressaca 33

JARDIM AMÉRICA
Museu do Clube Atlético Paulistano 119

JARDIM CAXINGUI
Casa do Sertanista – Museu do Folclore Rossini Tavares de Lima 32
Museu do Folclore Rossini Tavares de Lima 129

JARDIM EUROPA
Centro Pró-Memória Hans Nobling – Esporte Clube Pinheiros . 48
Museu Brasileiro da Escultura – MUBE 109
Museu da Imagem e do Som – MIS.......................... 138

JARDIM PAULISTA
Espaço Cultural Yázigi Internexus 52

JARDIM PAULISTANO
Museu da Casa Brasileira – SEC........................... 113

LAPA
Estação Ciência – USP 53
Museu Espírita 124

LIBERDADE
Museu Histórico da Imigração Japonesa 134

LUZ
Casa da Memória Paulistana – SMC 29

Centro Cultural do Liceu de Artes e Ofícios 42
Museu de Arte Sacra de São Paulo 100
Museu do Presépio – SEC 157
Pinacoteca do Estado de São Paulo – SEC 172

MOOCA
Memorial do Imigrante 81

MORUMBI
Capela do Morumbi 22
Fundação Maria Luisa e Oscar Americano 56
Instituto Lina Bo e P. M. Bardi 74
Museu da Abadia São Geraldo 83

PACAEMBU
Museu de Arte Brasileira – MAB 90

PARAÍSO
Casa das Rosas 31
Centro Cultural São Paulo 44
Fundação Japão 55
Itaú Cultural São Paulo 77
Museu Herculano Pires 133
Museu Histórico Irmã Beata 135

PARQUE ECOLÓGICO DO TIETÊ
Museu do Tietê 164

PERDIZES
Museu Contemporâneo das Invenções 120
Museu da Cultura 122
Museu Geológico Valdemar Lefèvre – MUGEO – SEHA 132

PINHEIROS
Centro Brasileiro Britânico 35
Instituto Goethe 72
Instituto Tomie Ohtake 76
Museu Técnico-Científico Oscar Freire – USP 161

PONTE PEQUENA
Museu do Saneamento 159

SÃO MIGUEL
Oficina Cultural de São Miguel Luiz Gonzaga 169

SUMARÉ
Centro da Cultura Judaica 36
Museu Casa Guilherme de Almeida 115

TATUAPÉ
Casa do Tatuapé 34
Oficina Cultural Raul Seixas 169

TREMEMBÉ

Museu Florestal Octavio Vecchi 127

VILA BUARQUE

Acervo Monteiro Lobato 20
Casa da Cultura Francesa – Aliança Francesa 26
Museu da Irmandade da Santa Casa de Misericórdia 145

VILA CLEMENTINO

Museu Histórico Wladimir da Prússia Gomes Ferraz – EPM ... 137

VILA MARIANA

Fundação Mokiti Okada 58
Museu do Instituto Biológico – MIBIO 140
Museu Lasar Segall 147
Oficina do Livro Rubens Borba de Moraes 170

ARREDORES DE SÃO PAULO

COTIA – JARDIM PASÁRGADA

Museu da Aeronáutica da Fundação Santos Dumont 84

FRANCO DA ROCHA – CENTRO

Museu Osório César – Complexo Hospitalar Juquery 151

EPM	Escola Paulista de Medicina
SEC	Secretaria de Estado da Cultura
SES	Secretaria de Estado da Saúde
SMC	Secretaria Municipal de Cultura
PUC	Pontifícia Universidade Católica
SEESP	Secretaria de Estado de Energia de São Paulo
SEMA	Secretaria de Estado do Meio Ambiente
UFSP	Universidade Federal de São Paulo
USP	Universidade de São Paulo

Prefácio

Entrar num museu é uma aventura desafiadora, que nos põe em contato com elos de criação compartilhados por gerações de artistas, cientistas ou artesãos. São espaços onde o passado continua fértil, aberto a leituras novas e no entanto guardando segredos – como teatro de sombras cujas silhuetas revelam presenças furtando-se da luz. Cada peça desperta em nós um misto de curiosidade e inquietação, pedindo silêncio para tornar-se interlocutor de um diálogo imprevisível, cujos significados se desdobram em uma procissão inacabada que nos convida a novos encontros.

Nesta última década a cidade de São Paulo está vivendo um processo de autoconhecimento. Preciosidades que ficaram eclipsadas pelo furor do desenvolvimento e do gigantismo começam a emergir: bairros inteiros estão sendo restaurados; estátuas e monumentos devolvidos ao olhar dos transeuntes; praças e parques recuperados para o lazer coletivo; prédios históricos abertos à visitação pública; tradições regionais revitalizam costumes e festividades, promovendo convívio social e partilha de saberes.

Este Guia dos Museus da Cidade de São Paulo chega em hora mais do que oportuna. A abordagem criteriosa e pedagógica de suas autoras, Thereza Cavalcanti Vasques e Simona Misan, disponibiliza um acervo cuja riqueza e diversidade nunca estiveram presentes em uma única obra. O cuidado nas indicações de acesso por meio do transporte público é outra das magníficas contribuições que nos oferece este Guia – aliança feliz de aprendizagem e lazer.

Lia Diskin

Introdução

Museu – do latim *Museum*, do grego *Mouseion*, "templo ou sede das Musas", isto é, das artes, mais tarde ampliado para outras coleções de raridades de muitas espécies: museu de história natural, histórico, geográfico, oceanográfico, de arte, etc. Na Antigüidade, o edifício de Alexandria onde viviam e ensinavam sábios e filósofos, protegidos por Ptolomeu. Na antiga Grécia, pequena colina de Atenas consagrada às Musas. Estas Musas eram filhas de Zeus e Mnemósina: Calíope (poesia épica), Clio (história), Érato (poesia amorosa), Euterpe (música e poesia lírica), Melpômene (tragédia), Polímnia (oratória e hinos sacros), Terpsícore (dança e canto coral), Tália (comédia e idílios) e Urânia (astronomia).

A criação de museus foi uma atitude democrática que permitiu desde o final do século XVIII o acesso do grande público às coleções particulares. Quadros, esculturas, fotos, e uma gama enorme de objetos históricos e científicos para serem vistos e apreciados de acordo com o desejo e a disposição do observador. A cada visita, descobertas são feitas, novos conhecimentos são formulados, reestruturando-se pouco a pouco a complexa trama de valores e conceitos que regem nossa vida.

Atualmente, a maioria dos museus da cidade de São Paulo oferece exposições nacionais e internacionais, além de animada agenda de cursos, palestras, serviços de monitoria, exibição de filmes, concertos, espetáculos variados. São projetos de alto valor que envolvem meses de trabalho, realizados com todo o profissionalismo e com entradas a preço acessível, quando não gratuitas. Tudo isso para o público.

Este guia tem por objetivo ajudar a conhecer melhor a vida cultural da cidade de São Paulo, procurando descomplicar e estimular a visitação a museus e instituições culturais.

INFO

- CONTATO COM AS AUTORAS
entretantosmuseus@ig.com.br

- AS AUTORAS ALERTAM PARA A CONSTANTE MUDANÇA DOS NÚMEROS TELEFÔNICOS E DOS ENDEREÇOS ELETRÔNICOS.

- VER GLOSSÁRIO SEMPRE QUE APARECER ESTE SINAL: *

Acervo Artístico dos Palácios* do Governo

O Palácio dos Bandeirantes, sede do Governo do Estado de São Paulo, abriga a Casa Militar e a Secretaria do Governo e Gestão Estratégica. De arquitetura eclética, o prédio lembra um pouco o estilo arquitetônico italiano dos anos 40, originalmente projetado para sediar uma universidade. Seu projeto e execução (iniciada em 1955) são de Francisco da Nova Monteiro, então engenheiro das Indústrias Reunidas Francisco Matarazzo. O terreno era propriedade da família Matarazzo.

Em 1965, o edifício, jamais utilizado, passa a abrigar a sede do governo, até então situada no Palácio dos Campos Elíseos. Através dos anos, formou-se um acervo de obras de arte, de aproximadamente 2.697 peças, incluindo retratos de autoria de Oscar Pereira da Silva, Mário Gruber, Sérgio Ferro, entre outros (Galeria dos Governadores), telas diversas, esculturas, louças de Macau, procedentes da Companhia das Índias* (séc. XVII), pratarias, oratórios, tapeçarias (sécs. XVII e XVIII), imaginárias*, mobiliário e um painel que conta a história da fundação de São Paulo. Merecem destaques a escultura "São José de Botas", de autoria atribuída a Antônio Francisco Lisboa (o Aleijadinho) e a tela "Flagelação de Cristo", atribuída a Manoel da Costa Ataíde.

Na visita, que dura cerca de uma hora, podem ser vistos ainda o auditório, o mezanino, o salão dos pratos e o salão dos despachos.

INFO

- PALÁCIO DOS BANDEIRANTES, SP
  PALÁCIO BOA VISTA, CAMPOS DO JORDÃO
  AV. MORUMBI, 4500 - 05698-900
  TEL: 3745-3344 / 3745-3263 / 3745-3264 FAX: 3745-3734
- VISITAÇÃO: SEGUNDA A SEXTA-FEIRA, ÀS 10H E ÀS 14H
- ÔNIBUS E ESTACIONAMENTO NAS PROXIMIDADES
- ACESSÍVEL A DEFICIENTES FÍSICOS.
- MONITORIA PARA GRUPOS E ESCOLAS
- BIBLIOTECA

Acervo Monteiro Lobato

Este pequeno museu, situado dentro da Biblioteca Monteiro Lobato, possui móveis, aquarelas, fotografias, cartas, recortes de periódicos, primeiras edições de livros, documentos originais e objetos de uso pessoal deste grande escritor.

INFO

- BIBLIOTECA MONTEIRO LOBATO
  RUA GENERAL JARDIM, 485
  01223-011
  TEL: 3256-4122
- VISITAÇÃO: SEGUNDA A SEXTA-FEIRA, DAS 8H ÀS 18H
  SÁBADO, DAS 9H ÀS 17H
- METRÔ SANTA CECÍLIA. ÔNIBUS E ESTACIONAMENTO NAS PROXIMIDADES
- ACESSÍVEL A DEFICIENTES FÍSICOS

Arte no Metrô

Em 1968 foi criado o Metrô de São Paulo, sendo sua primeira linha inaugurada em 1974. Hoje, são 46 estações, por onde circulam 2.500.000 pessoas por dia; 600.000 pela Estação Sé.

Desde o início, o Metrô de São Paulo preocupou-se com arte, seja pela arquitetura e programação visual de suas estações, ou pela exposição permanente e temporária de grandes artistas brasileiros. Inúmeras obras significativas estão permanentemente expostas nas estações.

Outro programa de grande repercussão são as exposições temporárias e programas educativos e culturais tais como eventos musicais, literários, teatrais, nas diversas estações.

Estas ações culturais muitas vezes são realizadas em parceria com outras entidades e com participação da comunidade como, por exemplo, "São Paulo nos Trilhos do Tempo" – a história dos bairros servidos pelo metrô a partir da memória de seus moradores.

INFO

- CENTRAL DE INFORMAÇÕES: 3286-0111 www.metro.sp.gov.br
- HORÁRIO: SEGUNDA A SEXTA-FEIRA, DAS 7H ÀS 19H SÁBADO, DAS 9H ÀS 15H
- HORÁRIO DE FUNCIONAMENTO DO METRÔ: DIARIAMENTE, DAS 5H ÀS 24H

Capela do Morumbi*

O mais antigo documento sobre o terreno onde se situa a Capela do Morumbi é de 1825, quando a então Fazenda do Morumbi possuia uma grande plantação de chá. Em torno de 1940, a Companhia Imobiliária Morumby fez o loteamento deste local, onde havia uma antiga casa-sede e, bem próxima, uma edificação, em ruínas, em taipa de pilão*. A Companhia contratou então o arquiteto Gregori Warchavchik para fazer o restauro da casa-sede e a reconstrução das ruínas, que foram por ele interpretadas como uma antiga capela. O arquiteto convidou a pintora Lúcia Suanê que, em afresco*, representou a cena do batismo de Cristo e anjos com rostos de índios, nas paredes de um pequeno altar.

A partir de 1980, passou a ser utilizada para eventos, exposições e concertos. É um local muito agradável que merece uma visita não apenas pelo seu aspecto histórico mas também pelo lado pitoresco e bucólico.

INFO

- AV. MORUMBI, 5387
  05650-001
  TEL: 3235-2331 RM. 242
- VISITAÇÃO: TERÇA-FEIRA A DOMINGO, DAS 9H ÀS 17H
- ÔNIBUS NAS PROXIMIDADES

Casa de Anchieta

A 25 de janeiro de 1554, o padre Manoel de Paiva celebrou uma missa, oficializando a instalação do Real Colégio de São Paulo de Piratininga*. Estavam presentes Manoel da Nóbrega e José de Anchieta. Era apenas uma cabana de madeira, medindo 14 passos de comprimento por 10 de largura, construída com a ajuda de índios. Nascia São Paulo. O local fôra escolhido por sua posição estratégica, vista total de toda região, além de água farta e peixes dos rios próximos. Daquela época muito pouco sobrou do Pátio do Colégio, apenas uma parte da parede de taipa de pilão* permaneceu e está exposta.

O Colégio possui uma capela que, apesar de restaurada, mantém a torre original e boa parte das peças do altar. Nela estão expostos o fêmur e o manto de Anchieta. Embaixo da capela situam-se catacumbas da mesma época, utilizadas para o sepultamento de padres e de pessoas da sociedade consideradas importantes. Atualmente estão vazias.

Após a expulsão dos jesuítas o local passou a ser usado como sede dos Capitães Generais ou Palácio dos Governadores – 1765. Chamava-se então Largo do Palácio, centro das atividades cívicas e culturais da cidade. Ao redor instalaram-se a Casa de Fundição, a Casa da Ópera – onde D. Pedro I foi aclamado rei em 1822 –, o Solar da Marquesa, sem falar nos ruidosos feirantes e agitado comércio da

INFO

- PÁTIO DO COLÉGIO, 2
  01016-040
  TEL: 3105-6899
- VISITAÇÃO: TERÇA-FEIRA A DOMINGO, DAS 9H ÀS 18H
- METRÔ SÉ. ÔNIBUS NAS PROXIMIDADES
- ACESSÍVEL A DEFICIENTES FÍSICOS

Rua do Carmo e da Ladeira do Palácio. Em 1881, a ala perpendicular à fachada principal do Palácio foi completamente remodelada. A cidade sofreu grandes transformações urbanas. O Palácio passou para o poder do Estado e a Igreja foi transformada em Palácio do Congresso.

Em 1953, quando da demolição do Palácio do Governo (Pátio do Colégio), encontrou-se nele a parede de taipa de pilão* intacta. Só então foi promulgada a lei que doava o terreno do Pátio do Colégio à antiga Companhia de Jesus, representada pela Sociedade Brasileira de Educação. Depois de demolições e reconstruções, reaparece o importante Pátio do Colégio, centro de fé e cultura, com o seu museu e sua capela. Possui ampla biblioteca, aberta ao público, com preciosidades, dentre as quais alguns originais do século XVII. Na Igreja, realizam-se concertos musicais e, no auditório Manoel da Nóbrega, debates e conferências. Merece especial atenção o monumento "Glória Imortal aos Fundadores de São Paulo", de 1925, localizado na praça externa do Pátio do Colégio, obra do escultor Amadeo Zani, com baixos relevos, referência a fatos históricos importantes da história de nossa colonização. No alto do monumento, a figura alegórica da cidade de São Paulo, uma mulher em cuja mão direita há um ramo de louros e uma foice, representando a glória e o trabalho e, em sua mão esquerda, uma tocha, fogo simbólico que representa a religião e a cultura.

Casa do Bandeirante

Toda de grossas paredes de taipa*, possui doze cômodos que exprimem a vida austera do início do século XVIII. São eles: alpendre ou pretório*, quarto de hóspedes, capela interna, quarto de dormir do dono da casa, sala, quarto de dormir ou quarto das redes, quarto de donzela, sala íntima, quarto de trabalho, alpendre de serviço, quarto de ferramentas e arreio, ucharia* ou despensa. O acervo consta, para completar o cenário de sua época, de várias peças, móveis, objetos, armas, ferramentas e máquinas agrícolas da época dos bandeirantes, de inestimável valor histórico.

Este imóvel situa-se no meio de uma praça onde eram plantadas árvores e arbustos, ervas para fins medicinais ou culinários e onde se situam a Casa de Farinha (destinada à fabricação de farinha e outros derivados da mandioca), um "puxado"* onde existe um forno para assar, Casa da Moenda, onde era espremida a cana-de-açúcar a fim de transformá-la em açúcar, um monjolo* para socar milho ou arroz, e outros apetrechos.

INFO

- PRAÇA MONTEIRO LOBATO, S/Nº
05506-030
TEL: 3031-0920
- VISITAÇÃO: TERÇA A DOMINGO, DAS 9H ÀS 17H
- ÔNIBUS E ESTACIONAMENTO NAS PROXIMIDADES
- VISITAS INDIVIDUAIS OU EM GRUPO PODEM SER MONITORADAS
- ACESSÍVEL A DEFICIENTES FÍSICOS

Casa da Cultura Francesa Aliança Francesa

Num momento de efervescência econômica, política e cultural, cria-se no Brasil a Aliança Francesa de São Paulo, em 1934. Localizada num modesto imóvel na região central da cidade, a instituição tem como meta divulgar a cultura francesa por meio de cursos de língua e literatura. Sua sede passa por vários outros endereços até chegar à Rua General Jardim onde se encontra até hoje. Em 1951, é criada a casa da Cultura Francesa. Esta sociedade abrigaria a Aliança Francesa de São Paulo, o Liceu Pasteur e a Associação 9 de Julho.

Em 1958, dá-se a fusão da Aliança Francesa de São Paulo com a Casa da Cultura Francesa, uma associação franco-brasileira.

As obras da Rua General Jardim iniciam-se em 1954 e, em 1957, a entidade começa a funcionar. Novos prédios vão sendo ocupados para expansão da Aliança Francesa. Além dos cursos, possui uma biblioteca, com importante e atualizado acervo bibliográfico, material para consulta em fontes impressas, sonoras e via internet, uma videoteca, uma biblioteca multimídia (*Centre de Ressources-Centre d'Apprentissage Integré*), uma livraria no andar térreo. Seu teatro, onde se instalou desde 1996 o Grupo Tapa (Teatro Amador de Produções Artísticas), apresenta múltiplas atividades ligadas às artes cênicas, além de montagens de peças. Realizam-se também ciclos de conferências sobre assuntos variados e espetáculos de dança, música e teatro franceses.

Há filiais em outros bairros onde também são realizadas atividades culturais, como exposições de arte, além dos cursos de língua, literatura e civilização francesas.

INFO

- RUA GENERAL JARDIM, 182
  01223-011
  TEL: 3259-8211 / 3259-8612
  FAX: 3231-1016 / 3231-2866
- VISITAÇÃO: SEGUNDA A SÁBADO, A PARTIR DAS 9H
- METRÔ SANTA CECÍLIA. ÔNIBUS E ESTACIONAMENTO NAS PROXIMIDADES
- LANCHONETE
- ACESSÍVEL A DEFICIENTES FÍSICOS

Casa do Grito e Capela Imperial

Esta casa recebeu o nome acima quando, pela sua localização, foi reformada em 1955 para assemelhar-se à que está no quadro "O Brado do Ipiranga", de Pedro Américo, que mostra Dom Pedro I proclamando a independência. Em 1981, um novo restauro devolveu-lhe, em parte, as características originais.

A Capela Imperial, onde se encontram os restos mortais da família imperial brasileira, foi construída sob o Monumento à Independência, concluído em 1922, de autoria de Ettore Ximenes.

Aí se encontram um famoso conjunto de esculturas de bronze e uma pira constantemente acesa. Deste monumento descortina-se belíssima vista, tanto na direção do centro da cidade quanto na direção do museu com seu magnífico jardim à francesa, autoria de Arsenius Puttemans.

INFO

- PARQUE DA INDEPENDÊNCIA
  04261-000
  TEL: 273-4981
- VISITAÇÃO: TERÇA-FEIRA A DOMINGO, DAS 9H ÀS 17H
- ÔNIBUS E ESTACIONAMENTO NAS PROXIMIDADES

Casa Mário de Andrade
Oficina da Palavra

BARRA FUNDA

Foi nesta casa que o poeta Mário de Andrade morou, a partir de 1921, com sua mãe e sua irmã. É dele o desenho da maioria dos móveis, confeccionados no Liceu de Artes e Ofícios. Várias obras de arte conviviam com sua enorme biblioteca. Era sua oficina de trabalho. Tombada em 1976, passou à administração da Secretaria Municipal de Cultura em 1983 e, em 1989, tornou-se a Oficina da Palavra Casa Mário de Andrade.

Na casa, há algumas estantes e o piano negro com castiçais dourados. A maioria dos móveis foi transferida para o Instituto de Estudos Brasileiros, em 1968, onde pode ser encontrado um vídeo que mostra como eram os aposentos da casa, quando habitada pela família.

Embora o acervo de Mário de Andrade esteja dividido entre o Centro Cultural São Paulo e o IEB, pouco tendo ficado em sua antiga morada, justifica-se visitá-la para um contacto com os vestígios do grande pesquisador e escritor e também para participar das atividades aí realizadas: oficinas de literatura, de teatro, de artes plásticas, além de leituras dramáticas.

INFO

- RUA LOPES CHAVES, 546
01154-010
TEL: 3826-4085
- VISITAÇÃO: SEGUNDA A SEXTA-FEIRA, DAS 14H ÀS 20H
- METRÔ BARRA FUNDA. ÔNIBUS E ESTACIONAMENTO NAS PROXIMIDADES
- VISITAS PODEM SER MONITORADAS
- ACESSÍVEL A DEFICIENTES FÍSICOS

Casa da Memória Paulistana

O Departamento de Patrimônio Histórico (DPH), criado em 1975, tem suas raízes no Departamento de Cultura, idealizado e dirigido por Mário de Andrade em 1935.
Este Departamento começou com o trabalho de Paulo Duarte, Sérgio Milliet e Mário de Andrade. O Departamento de Cultura foi vinculado, em 1945, à Secretaria de Cultura e Higiene e, em 1947, à Secretaria de Educação e Cultura. Em 1975, com a criação da Secretaria Municipal de Cultura, surgiu o Departamento do Patrimônio Histórico, com a finalidade de preservar e divulgar os documentos relativos à memória da cidade de São Paulo. Este Departamento foi sendo ampliado, transformando-se numa instituição responsável pelas políticas de preservação e valorização dos conjuntos documentais, dos acervos tridimensionais e do Patrimônio Edificado e Ambiental, de valor histórico e cultural. Ressalte-se sua importância na construção do nosso espírito de cidadania e na melhoria da nossa qualidade de vida. Sua atuação está estruturada por atividades desenvolvidas pela Divisão de Administração e por suas três divisões técnicas: Divisão do Arquivo Histórico Municipal, Divisão de Preservação e Divisão de Iconografia e Museus. Esta última tem por atribuição estabelecer a política museológica e coordenar as atividades desenvolvidas pelo Museu da Cidade que engloba as Casas Históricas.

INFO

- DEPARTAMENTO DO PATRIMÔNIO HISTÓRICO
- PRAÇA CORONEL FERNANDO PRESTES, 152
  EDIFÍCIO RAMOS DE AZEVEDO
  01124-060
  TEL: 3326-1010 RM. 2031 E 2032
  dph@prodam.pmsp.sp.gov.br
  www.prodam.sp.gov.br/dph
- VISITAÇÃO: SEGUNDA A SEXTA-FEIRA, DAS 9H ÀS 17H
- METRÔ TIRADENTES. ÔNIBUS E ESTACIONAMENTO NAS PROXIMIDADES
- ACESSÍVEL A DEFICIENTES FÍSICOS

A Divisão de Preservação é a unidade técnica responsável pela reflexão e ação sobre a cidade e seu patrimônio cultural, ambiental e histórico-arquitetônico. Tem como atribuições pesquisar, analisar, selecionar, documentar, dar amparo legal, conservar, valorizar e divulgar os bens culturais paulistanos.

O Arquivo Histórico Municipal, localizado no memorável Edifício Ramos de Azevedo desde janeiro de 2000, é a Divisão responsável pela custódia, conservação, processamento técnico e divulgação do valioso conjunto documental, constituído de textos, fotografias, mapas e plantas produzidos pela administração pública municipal desde 1555 até a primeira metade do século XX, entre outros registros significativos para a história da cidade, como os fundos documentais particulares.

Este Arquivo, de grande valor, possui também um laboratório de restauração e encadernação, biblioteca especializada em história de São Paulo e cadastro de nomes de logradouros públicos, além de um espaço dedicado a exposições de fotografias e documentos variados.

Casa das Rosas

Uma das poucas casas remanescentes da antiga avenida Paulista, projetada pelo engenheiro Felisberto Razzini, do escritório Severo Villares (sucessor de Ramos de Azevedo), em 1935. Foi tombada em 1985 e é atualmente administrada pela Secretaria de Estado da Cultura. Construída de acordo com o estilo renascença francesa, possui em seu interior peças originárias da Inglaterra (louças do banheiro), da França (portas de ferro) e da Bélgica (piso do pátio superior). Seu jardim geométrico, famoso por suas roseiras, de onde vem o nome "Casa das Rosas", segue o estilo de Versalhes.

Exposições temporárias variadas. Possui também uma Galeria Virtual em diversas páginas do site.

INFO

- AV. PAULISTA, 37
  01311-000
  TEL: 251-5271
  www.dialdata.com.br/casadasrosas
- VISITAÇÃO: SEGUNDA A SEXTA-FEIRA, DAS 13H ÀS 19H
- PROJEÇÃO DE VÍDEOS A PARTIR DAS 14H
- METRÔ BRIGADEIRO. ÔNIBUS PRÓXIMO
- ACESSÍVEL A DEFICIENTES FÍSICOS
- SERVIÇO DE MONITORIA PARA GRUPOS E ESCOLAS

Casa do Sertanista

Ver Museu do Folclore Rossini Tavares de Lima.

INFO

- MUSEU DO FOLCLORE ROSSINI TAVARES DE LIMA
PRAÇA ÊNIO BARBATO, S/Nº
ALT. DO Nº 2100 DA
AV. FRANCISCO MORATO
05516-040
TEL: 3106-2218
- VISITAÇÃO: TERÇA-FEIRA A DOMINGO, DAS 9H ÀS 17H
- ÔNIBUS NA AV. FRANSCISCO MORATO
- FÁCIL ESTACIONAMENTO
- ACESSÍVEL A DEFICIENTES FÍSICOS

Casa do Sítio da Ressaca

Ainda do período colonial, foi construída no século XVIII (1719). Mais simples que as outras casas, é também um excelente exemplo das casas coloniais de São Paulo. Atividades diversas relacionadas com o Acervo da Memória e do Viver Afro-Brasileiro.

INFO

- RUA ARSÊNIO TAVOLIERI, 45
  04321-030
  TEL: 5011-2421
- VISITAÇÃO: TERÇA-FEIRA A DOMINGO, DAS 9H ÀS 17H
- ACESSÍVEL A DEFICIENTES FÍSICOS

Casa do Tatuapé

Construção bandeirista* do final do século XVII em taipa de pilão* e pau-a-pique*. Além do interesse pela própria construção e objetos que nela se encontram, a casa organiza eventos diversos, voltados principalmente para a terceira idade.

INFO

- RUA GUABIJU*, 49
  03077-100
  TEL: 3106-2218
- VISITAÇÃO: TERÇA-FEIRA A DOMINGO, DAS 9H ÀS 17H
- ACESSÍVEL A DEFICIENTES FÍSICOS

Centro Brasileiro Britânico

O CBB possui 13 mil m² de área construída e abriga galerias de exposições, teatro, biblioteca e centro de informações especializado em literatura contemporânea, vídeos e cd-rom, entre outros equipamentos. Reúnem-se na sede da Cultura Inglesa o Consulado Geral da Grã-Bretanha, a Câmara Britânica de Comércio, o Conselho Britânico e a Fundação Britânica de Beneficência.

A Cultura Inglesa foi fundada em 1935 e desde a década de 40 vem estabelecendo relações com o Conselho Britânico e promovendo a apresentação de eventos culturais como o *The Royal Shakespeare Company*, o *London Festival Ballet* e exposições de arte, além de seus cursos de língua, literatura e civilização inglesas.

INFO

- EDIFÍCIO CULTURA INGLESA
RUA FERREIRA DE ARAÚJO, 741
3º ANDAR - 05428-002
TEL: 3814-4155 / 3819-4120
FAX: 3814-4045
www.culturainglesa.com.br
sbci-sp@culturainglesasp.com.br
- VISITAÇÃO: SEGUNDA A SEXTA FEIRA, DAS 8H ÀS 21H
- RESTAURANTE: SEGUNDA A SEXTA-FEIRA, DAS 11H30 ÀS 15H30
- *PUB:* SEGUNDA A SEXTA-FEIRA, DAS 15H ÀS 23H
- ÔNIBUS E ESTACIONAMENTO NAS PROXIMIDADES
- ACESSÍVEL A DEFICIENTES FÍSICOS

Centro da Cultura Judaica

Inicialmente chamada Casa de Cultura de Israel, sociedade civil criada em 1964 com o objetivo de intensificar as relações culturais entre Brasil e Israel e de promover um intercâmbio permanente com a sociedade brasileira. Em 2002 passa a chamar-se Centro da Cultura Judaica – Casa de Cultura de Israel e inaugura sua nova sede, projeto arquitetônico de Roberto Loeb.

Promove espetáculos teatrais, ciclos de cinema, concertos, palestras, exposições de arte e grande variedade de eventos ligados à cultura judaica.

INFO

- RUA OSCAR FREIRE, 2.500
  05409-012
  TEL: 3256-5155
  FAX: 3255-6585
  www.culturajudaica.com.br
- VISITAÇÃO:
  INFORMAR-SE POR TELEFONE
- METRÔ SUMARÉ. ÔNIBUS E ESTACIONAMENTO NAS PROXIMIDADES

Centro Cultural Banco do Brasil – São Paulo

Instalado num raro exemplo da arquitetura paulista dos anos 20, ao lado de importantes marcos da cidade: a Praça da Sé, o Pátio do Colégio e o Viaduto do Chá. O edifício, tombado pelo Patrimônio Histórico, Cultural e Ambiental do município, está cercado por diversas instituições de ensino: a Faculdade de Direito, no Largo São Francisco; a Fundação de Comércio Álvares Penteado; as Faculdades Tibiriçá*, na Rua Líbero Badaró; a Escola de Belas-Artes, na Luz; e várias escolas técnicas que funcionam na região com seus mais de cem mil alunos, na área da Administração Regional da Sé.

Para dar conta da intensa programação cultural prevista para o CCBB – São Paulo, que já possui uma sede no Rio de Janeiro, o edifício conta com salas de exposição, galerias, teatro, cinema, sala de vídeo e auditórios.

INFO

- RUA ÁLVARES PENTEADO, 112
  01012-000
  TEL: 3113-3657 / 3113-3652
  0800-785678
  www.cultura-e.com.br
- VISITAÇÃO: TERÇA-FEIRA A DOMINGO DAS 12H AS 18H30
- METRÔ SÉ E SÃO BENTO
- ÔNIBUS E ESTACIONAMENTO NAS PROXIMIDADES
- ACESSÍVEL A DEFICIENTES FÍSICOS
- CAFETERIA
- LOJA

Centro Cultural de Estudos Aúthos Pagano

Aúthos Pagano dedicou-se durante toda a sua vida ao ensino, estudo e outras atividades da cultura. Sua biblioteca particular, uma das mais importantes do país, é formada por livros das mais diversas áreas como Filosofia, Matemática, Economia, Estatística, Astronomia e Direito, num total de mais de 10.000 títulos, com raridades dos séculos XVIII e XIX, além de rico arquivo fotográfico.

INFO

- RUA TOMÉ DE SOUZA, 997
  05079-100
  TEL: 3836-4316
- VISITAÇÃO: SEGUNDA A SEXTA-FEIRA, DAS 10H ÀS 18H
- ÔNIBUS E ESTACIONAMENTO NAS PROXIMIDADES
- ACESSÍVEL A DEFICIENTES FÍSICOS

Em 1982 sua esposa, Dra. Carmela Pagano, doou ao Estado, sob os cuidados da Secretaria de Estado da Cultura, a biblioteca, os móveis, os objetos e a residência do casal, hoje transformada em centro cultural.

O prédio foi projetado pelo arquiteto russo Gregori Warchavchik, um dos pioneiros da arquitetura moderna no Brasil, e construído em 1929 numa área de 900 metros quadrados. Os jardins foram projetados por Mina Klabin, esposa do arquiteto.

O Centro Cultural Aúthos Pagano possui também um auditório para 60 pessoas, onde são realizados lançamentos de livros, concertos, além de mostras e exposições.

Centro Cultural FIESP

O Centro Cultural FIESP possui um amplo e moderno espaço onde são realizadas exposições temporárias de arte, ampla biblioteca especializada em teatro e artes plásticas e sala para concertos e auditório, para apresentação de espetáculos teatrais e musicais.

INFO

- FEDERAÇÃO DAS INDÚSTRIAS DO ESTADO DE SÃO PAULO
  AV. PAULISTA, 1313
  01311-200
  TEL: 3253-5877
  www.fiesp.org.br/cultura
- VISITAÇÃO: TERÇA-FEIRA A SÁBADO, DAS 10H ÀS 20H
  DOMINGO, DAS 10H ÀS 19H
- BIBLIOTECA: SEGUNDA A SEXTA-FEIRA, DAS 9H ÀS 21H
  SÁBADO, DAS 9H ÀS 17H
  DOMINGO FECHADA
- METRÔ TRIANON
- ÔNIBUS E ESTACIONAMENTO NAS PROXIMIDADES
- ACESSÍVEL A DEFICIENTES FÍSICOS

Centro Cultural do Liceu de Artes e Ofícios

Nasceu da dedicação de Leôncio de Carvalho, preocupado com as questões de ensino ligadas à população carente. Com o auxílio de amigos, fundou em 1873 a Sociedade Propagadora da Instrução Popular, escola de primeiras letras, gratuita, onde os alunos, além das aulas, recebiam material, cuidados médicos e remédios. Em 1895, Francisco de Paula Ramos de Azevedo, importante arquiteto, passou a dirigir o Liceu, dando primazia ao ensino profissionalizante. O Liceu seria uma complementação da Escola Politécnica, mas, aos poucos, conquistou independência e respeitabilidade, pelos inúmeros artesãos e artistas que por lá passaram.

A contribuição destes é um fato histórico comprovado pela qualidade de móveis, objetos, janelas, portas, gradis, sem falar de toda uma produção de peças de arte. Por ali passaram, entre outros, os

INFO

LICEU DE ARTES E OFÍCIOS DE SÃO PAULO

- **UNIDADE I**
  R. CANTAREIRA, 1351
  01024-100 - LUZ
  TEL: 227-5611 RM. 23 E 29
  FAX: 228-1690
  liceuescola@laosp.br
  www.laos.com.br
- VISITAÇÃO: SEGUNDA A SEXTA-FEIRA DAS 9H ÀS 20H SÁBADO E DOMINGO DAS 15H ÀS 19H
- METRÔ TIRADENTES, TERMINAL DE TREM DA ESTAÇÃO DA LUZ. ÔNIBUS E ESTACIONAMENTO NAS PROXIMIDADES
- ACESSÍVEL A DEFICIENTES FÍSICOS
- VISITAS INDIVIDUAIS OU EM GRUPO PODEM SER MONITORADAS
- BIBLIOTECA E CENTRO DE DOCUMENTAÇÃO
- OFICINAS VARIADAS: CERÂMICA E MODELAGEM, DESENHO, PINTURA, ENCADERNAÇÃO, ESCULTURA EM BARRO, ESCULTURA EM MADEIRA, ENTALHE EM MADEIRA, ARTES

importantes Victor Brecheret e Galileu Emendabili.

Depois de funcionar em outros locais, como o edifício da Pinacoteca, o Liceu foi instalado no atual endereço. No início da década de 80, como anexo, foi fundado o Centro Cultural com o objetivo de difundir as artes e a tecnologia, por meio de exposição permanente de painéis fotográficos e do espetáculo multivisão (apresentação em escala natural de esculturas clássicas importantes; 62 esculturas e 90 painéis informativos), além de cursos profissionalizantes de nível básico (que não exigem escolaridade prévia) e de nível médio (cursos técnicos) abertos ao público.

INFO

DECORATIVAS, TECELAGEM E TAPEÇARIA, HISTÓRIA DA ARTE, GRAVURA, DECORAÇÃO, AQUARELA, PAPEL ARTESANAL

SERVIÇO DE BAR

UNIDADE II

LICEU DE ARTES E OFÍCIOS
INDÚSTRIAS
RUA JOAQUIM FERREIRA, 171
05033-080 - ÁGUA BRANCA
TEL: 3864-0322

VISITAÇÃO: SEGUNDA A SEXTA-FEIRA, DAS 8H ÀS 17H

METRÔ BARRA FUNDA.
ÔNIBUS E ESTACIONAMENTO NAS PROXIMIDADES

UNIDADE III

LICEU DE ARTES E OFÍCIOS
CONSTRUÇÃO CIVIL E FUNDIÇÃO
AV. DR. MAURO LINDENBERG MONTEIRO, 451
06278-010 - JARDIM SANTA FÉ
CIDADE DE OSASCO
TEL: 3601-5666

VISITAÇÃO: SEGUNDA A SEXTA-FEIRA, DAS 8H ÀS 17H

ÔNIBUS E ESTACIONAMENTO NAS PROXIMIDADES

Centro Cultural São Paulo – CCSP

Localizado num moderno edifício de autoria de Eurico Prado Lopes e Luís Benedito Telles. Execução do engenheiro Dário Eloi Cabral. O prédio recebeu o prêmio "Paulo Fragoso – 1982".

Encontra-se na região do vale do Rio Itororó*, onde havia fazendas, quilombos famosos pelo açoite de escravos, mais tarde chácaras, e finalmente a Rua Vergueiro e a Avenida 23 de Maio.

INFO

- RUA VERGUEIRO, 1000
  01504-000
  TEL: 3277-3611
  www.prodam.sp.gov.br/ccsp
- VISITAÇÃO: TERÇA-FEIRA A DOMINGO, DAS 10H ÀS 22H
- BIBLIOTECA: TERÇA A SEXTA-FEIRA, DAS 9H ÀS 22H, SÁBADO, DAS 10H ÀS 17H, DOMINGO, DAS 10H ÀS 15H
- METRÔ VERGUEIRO. ÔNIBUS E ESTACIONAMENTO NAS PROXIMIDADES
- ACESSÍVEL A DEFICIENTES FÍSICOS
- CAFETERIA

Em 1974, elabora-se um projeto para a construção de um centro empresarial substituído, em 1978, pelo de uma biblioteca municipal, surgindo finalmente a idéia do Centro Cultural São Paulo, inaugurado a 13 de maio de 1982. São 46.500 m^2 de moderna construção arquitetônica que utiliza concreto aparente, aço, vidro, tijolo, pastilhas e amplo jardim interno (700 m^2), com extensos espaços, transparência e horizontalidade.

O Centro Cultural reúne auditórios (teatros Adoniram Barbosa, Paulo Emílio Salles Gomes e Lima Barreto), Espaço Flávio Império, salas de ensaios, cinemas, Discoteca Oneida Alvarenga, fitoteca, biblioteca, hemeroteca, gibiteca, fototeca, mapoteca, áreas para exposições, oficinas de arte, laboratório audiovisual, gráfica, depósito e restauro de livros, oficinas de madeira e metal. A Biblioteca Sérgio Milliet, uma das mais importantes do Brasil, é muito freqüentada e possui uma seção infanto-juvenil e uma de livros em Braille (fato raro em nosso país).

Quanto ao acervo, a "Pinacoteca Municipal" tem aproximadamente 1.800 obras de arte brasileira, dos fins do século XIX à atualidade (pinturas, esculturas, desenhos, gravuras, objetos). Exposições temporárias e permanentes voltadas à produção artística nacional.

O Centro Cultural oferece sempre uma intensa variedade de espetáculos.

Centro Histórico Universidade Mackenzie

Situado no Edifício Mackenzie, onde foi fundado um dos mais tradicionais núcleos de ensino de São Paulo, o Centro Histórico Mackenzie é parte do projeto cultural que ocupa 800 m^2 distribuídos em três pavimentos. No térreo, salas para consulta do seu acervo histórico e um café. No primeiro andar, sala para exibições, auditório e salão nobre de reuniões, restaurado com mobiliário da década de 50. No último andar, os arquivos, laboratórios de recuperação e uma biblioteca.

O Edifício Mackenzie foi construído para abrigar a Escola Americana, fundada pelo missionário presbiteriano americano George Chamberlain, junto com sua esposa, a pedagoga Mary Chamberlain. Ambos receberam uma doação do advogado John Mackenzie e suas irmãs, o que possibilitou a criação da faculdade de engenharia em 1896, que até hoje leva o seu nome. O edifício ainda conserva sua fachada original praticamente intacta. Os tijolos e a madeira, usados em sua construção, projetada em Nova Iorque, chegaram como lastro de navios ao porto de Santos. Estes navios voltavam aos Estados Unidos transportando café.

O Centro expõe várias peças do início da engenharia moderna, tais como uma calculadora de manivela e uma coleção de teodolitos*, além de divulgar a história desta antiga e tradicional escola.

INFO

- RUA ITAMBÉ*, 45 – PRÉDIO 1
  01239-001
  TEL: 3236-8661
- VISITAÇÃO: SEGUNDA A SEXTA-FEIRA, DAS 8H ÀS 17H
- METRÔ SANTA CECÍLIA. ÔNIBUS E ESTACIONAMENTOS NAS PROXIMIDADES
- ACESSÍVEL A DEFICIENTES FÍSICOS
- VISITAS EM GRUPOS DEVEM SER AGENDADAS PREVIAMENTE
- CAFETERIA

Centro Histórico-Cultural da Enfermagem Ibero-Americana

CERQUEIRA CÉSAR

Situado num edifício tombado pelo poder público, ocupando área de 80 m^2, esta instituição tem por objetivo conservar a história da enfermagem, informar sobre a história da Escola de Enfermagem – USP e promover exposições culturais. Seu acervo é composto de objetos, mobiliário, obras de arte, fotografias e documentos, recebidos como doação ou cedidos pela própria escola. São aproximadamente 100 peças em bom estado de conservação, que auxiliam pesquisas sobre a história da enfermagem. Além da exposição permanente, há algumas de curta duração e outras itinerantes.

INFO

- UNIVERSIDADE DE SÃO PAULO
AV. DR. ENÉAS DE CARVALHO AGUIAR, 419
05422-970
TEL: 3066-7542
- VISITAÇÃO: SEGUNDA A SEXTA-FEIRA DAS 8H ÀS 12H E DAS 13H ÀS 16H
- ÔNIBUS E ESTACIONAMENTO NAS PROXIMIDADES

Centro Pró-Memória Hans Nobling Esporte Clube Pinheiros

Este centro, de caráter privado, visa preservar e resgatar a história do Sport Club Germania / Pinheiros, conservando seu acervo e divulgando suas pesquisas.

O acervo possui aproximadamente 12.000 fotografias referentes à história do clube e do esporte brasileiro, 2.800 troféus, 600 publicações, 500 documentos (diplomas, correspondências, plantas, estatutos e contratos) e depoimentos (vídeos e cassetes) de imigrantes alemães. A maioria das peças foi doada por associados e simpatizantes.

Seu arquivo possui pesquisas sobre as atividades do clube, de origem alemã, principalmente durante as duas guerras. Pode ser consultado pelo público em geral com agendamento prévio.

Preocupação com a documentação museológica e com a sua conservação e restauro.

Exposições de longa ou de curta duração, além das itinerantes, são constantemente realizadas.

INFO

- RUA ANGELINA MAFFEI VITA, 493
  01455-070
  TEL: 3817-9715 / 3817-9716
  FAX: 3817-9815
  ecpmemoria@base.com.br
- VISITAÇÃO: TERÇA-FEIRA A SÁBADO DAS 8H ÀS 17H
  DOMINGO E FERIADO DAS 10H ÀS 16H
- ÔNIBUS E ESTACIONAMENTO NAS PROXIMIDADES
- OS NÃO SÓCIOS PRECISAM DE AGENDAMENTO PRÉVIO

Centro Universitário Maria Antonia (CEUMA)

O prédio da CEUMA abrigou, a partir de 1949, a antiga Faculdade de Filosofia, Ciências e Letras da USP. O prédio foi retomado pelo Estado em 1968, devolvido à USP em 1991 e tombado pelo CONDEPHAAT* em 1993, quando se tornou o Centro Universitário Maria Antônia.

O conjunto possui um teatro, salas de exposições, salas de aulas e outras áreas destinadas a variados eventos. Está ligado a organizações da Universidade de São Paulo (Comissão de Direitos Humanos da USP, Edusp, livraria especializada em edições universitárias, Experimentoteca – Centro de divulgação científica e cultural para escolas de 1° e 2° graus, Escola do Futuro, Escola de Governo – destinada à formação de lideranças políticas e sociais, SBPC – Sociedade Brasileira para o Progresso da Ciência, TUSP – Projetos e eventos voltados ao teatro, CORALUSP – Aberto à comunidade). Desenvolve atividades ligadas à arte, direitos humanos, educação e cultura, além de oferecer exposições, concertos, palestras, cursos e oficinas.

INFO

- UNIVERSIDADE DE SÃO PAULO
  RUA MARIA ANTÔNIA, 294
  01222-010
  TEL: 3255-5538 / 3255-7182
  FAX: 3255-3140
  mariantonia@edu.usp.br
  www.usp.br/geral/cultura/ceuma/eventos.html
- VISITAÇÃO: SEGUNDA-FEIRA A DOMINGO, DAS 9H ÀS 23H
- METRÔ SANTA CECÍLIA
  ÔNIBUS E ESTACIONAMENTOS NAS PROXIMIDADES
- LIVRARIA DA EDUSP

Coleção Ontomológica de Referência

CERQUEIRA CÉSAR

Esta coleção, instalada num edifício tombado pelo poder público, possui aproximadamente 12.000 peças. Faz parte do Departamento de Epidemiologia e tem por objetivo maior o estudo da taxonomia. Empréstimo de peças para instituições de pesquisas nacionais e estrangeiras.

INFO

- UNIVERSIDADE DE SÃO PAULO
AV. DR. ARNALDO, 715
012046-904
TEL/FAX.: 3082-1898
- VISITAÇÃO: CONFIRMAR POR TELEFONE
- METRÔ CLÍNICAS.
ÔNIBUS E ESTACIONAMENTO NAS PROXIMIDADES

Espaço Cultural Tabatinguera Eletropaulo

Espaço cultural, dentro da agência central da Eletropaulo, em parceria com a Fundação do Patrimônio Histórico da Energia de São Paulo. Realiza exposições temporárias, utilizando peças do acervo desta Fundação.

INFO

- FUNDAÇÃO PATRIMÔNIO HISTÓRICO DA ENERGIA
  RUA TABATINGUERA, 164
  01020-000
  TEL: 5696-3909 FAX: 5696-3787
  linhadireta@eletropaulo.com.br
- VISITAÇÃO: SEGUNDA A SEXTA-FEIRA, DAS 8H30 ÀS 16H30
- METRÔ SÉ OU LIBERDADE
  ÔNIBUS NAS PROXIMIDADES

Espaço Cultural Yázigi Internexus

Desde sua fundação, em 1950, o Yázigi reúne um acervo catalogado e tombado, composto praticamente por obras de artistas brasileiros contemporâneos.

Atualmente há cerca de 3.000 peças nas diversas escolas que formam esta rede de ensino de línguas, das quais 1.000 estão expostas na sede da Av. Nove de Julho. Além deste acervo, espalhado pelas diversas salas que recebem nomes de artistas (Sala Aldemir Martins, Sala Marcelo Grassman, Sala João Rossi), há uma galeria que realiza mostras temporárias, oficinas, encontros e palestras. Merece destaque especial a Coleção Xingu*, reunida pelos irmãos Villas Boas. Este acervo continua crescendo a cada ano.

INFO

- AV. NOVE DE JULHO, 3.166
  01406-900
  TEL: 3884-9600
  FAX: 3884-7933
  acervo@exposed.yazigi.com.br
  www.yazigi.com.br
- VISITAÇÃO: SEGUNDA A SEXTA-FEIRA, DAS 9H ÀS 19H
- METRÔ TRIANON
  ÔNIBUS E ESTACIONAMENTO NAS PROXIMIDADES
- ACESSÍVEL A DEFICIENTES FÍSICOS
- GRUPOS, MONITORIAS E OFICINAS DE ARTE, NECESSITAM AGENDAMENTO

Estação Ciência

Centro de divulgação científica da USP, em convênio com o Conselho Nacional de Desenvolvimento Científico e Tecnológico – CNPq. Seu principal objetivo é oferecer à população, por meio de exposições, oportunidade para conhecer e analisar fenômenos, teorias e pesquisas científicas.

As exposições atingem várias áreas do conhecimento e são divididas em três espaços: "Plataforma Ciência", "Plataforma Tecnologia" e "Plataforma Informática". Ocupam 3.500 m^2 e são interativas, permitindo operação e manuseio dos experimentos. Os visitantes podem ser auxiliados por monitores. Além das mostras fixas há outras temporárias sobre temas variados, cursos de extensão para o público e atualização de professores, exibição de filmes e vídeos, empréstimo de materiais para exposições e aulas, eventos para contínua divulgação de temas científicos e culturais.

Seu público, de faixas etárias variadas, atinge cerca de 25.000 pessoas por mês, 60% das quais são escolares.

INFO

- CENTRO DE DIFUSÃO CIENTÍFICA, TECNOLÓGICA E CULTURAL – USP
RUA GUAICURUS*, 1274
05033-002
TEL: 3673-7022 FAX: 3673-2798
www.eciencia.usp.br
agendamento@eciencia.usp.br
- VISITAÇÃO: TERÇA A SEXTA-FEIRA, DAS 8H ÀS 18H
SÁBADOS E DOMINGOS, DAS 13H ÀS 18H
- AS VISITAS MONITORADAS TÊM INÍCIO ÀS 8H, 10H, 12H, 14H E 16H.
- METRÔ BARRA FUNDA.
ÔNIBUS E ESTACIONAMENTO NAS PROXIMIDADES
- O AGENDAMENTO PARA ESCOLARES DEVE SER FEITO ATÉ 60 DIAS ANTES DA VISITA
- PARA GRUPOS DE FORA DA CAPITAL O AGENDAMENTO DEVE SER FEITO PELO TEL: 3672-5364.
- ACESSÍVEL A DEFICIENTES FÍSICOS

FUNARTE

CAMPOS ELÍSEOS

Belíssimo casarão, tombado, nos Campos Elíseos, onde são realizadas exposições, mostras de vídeo e espetáculos teatrais. Loja com livros, vídeos e cds produzidos pela própria Funarte, que podem ser adquiridos pelo endereço eletrônico.

INFO

- FUNDAÇÃO NACIONAL DA ARTE
AL. NOTHMANN, 1058
01216-001
TEL: 3662-5177
- VISITAÇÃO: SEGUNDA E TERÇA-FEIRA, DAS 9H ÀS 18H; QUARTA E SEXTA-FEIRA, DAS 9H ÀS 22H; SÁBADO E DOMINGO, DAS 17H ÀS 22H
- METRÔ SANTA CECÍLIA. ÔNIBUS E ESTACIONAMENTO NAS PROXIMIDADES
- LIVRARIA
- CAFETERIA
- LOJA VIRTUAL:
www.lojafunarte.com.br
- ACESSÍVEL A DEFICIENTES FÍSICOS

Fundação Japão

Constituída em 1972, tem como objetivo aprofundar o conhecimento internacional sobre o Japão e estimular o intercâmbio cultural com outros países.

Desenvolve projetos, como o ensino da língua japonesa e seu suporte didático pedagógico, projeção de filmes e vídeos, concertos de música, apresentações cênicas, palestras culturais, apresentação de Cerimônia do Chá, oficinas de origami e ikebana, além de mostras de fotografia, gravura, exposições e palestras.

Seu acervo reúne amplo material bibliográfico e videográfico sobre a história, as artes, a língua e a cultura em geral. Empréstimo de material para usuários cadastrados.

INFO

- AV. PAULISTA, 37 – 1º ANDAR
01311-902
TEL: 3141-0843 / 3141-0110
FAX: 3266-3562
jpn@fjsp.org.br
www.fjsp.org.br
www.jpf.go.jp
- VISITAÇÃO: AGENDAR POR TELEFONE
- METRÔ BRIGADEIRO E PARAÍSO
- ÔNIBUS E ESTACIONAMENTO NAS PROXIMIDADES

Fundação Maria Luisa e Oscar Americano

A Fundação encontra-se num local privilegiado, ao lado do Palácio do Governo, no bairro do Morumbi, onde outrora havia apenas chácaras e pequenas fazendas, hoje predominantemente residencial. A casa foi residência durante vinte anos do casal Maria Luisa Ferraz Americano e Oscar Americano de Caldas Filho. O moderno conjunto arquitetônico encontra-se sobre uma colina rodeado por exemplares da flora brasileira, entremeada por áleas* que são um convite à caminhada e apreciação de inúmeras esculturas. O projeto paisagístico é de autoria de Otávio Augusto Teixeira Mendes, também responsável pelo Parque do Ibirapuera.

A sede, projetada pelo arquiteto Oswaldo Arthur Bratke, obedece aos rígidos padrões modernistas da década de 50, tendo sido terminada em 1955.

Possui uma área aproximada de 1.500 m^2. Criada em

INFO

- AV. MORUMBI, 3700
  05606-300
  TEL: 3742-0077
  FAX: 3746-6941
  info@fundacaooscaramericano.org.br
  www.fundacaooscaramericano.org.br
- VISITAÇÃO: TERÇA A SEXTA-FEIRA, DAS 11H ÀS 17H
  SÁBADOS E DOMINGOS, DAS 10H ÀS 17H
- ÔNIBUS E FÁCIL ESTACIONAMENTO NAS PROXIMIDADES
- ACESSO E ATENDIMENTO A DEFICIENTES FÍSICOS
- MONITORIA PARA GRUPOS E ESCOLAS
- AUDITÓRIO PARA CURSOS, PALESTRAS E CONCERTOS
- BIBLIOTECA
- PARQUE COM 75.000 M^2, APROXIMADAMENTE 25.000 ÁRVORES DE 77 ESPÉCIES
- LOJA COM OBJETOS VARIADOS, CARTÕES, CDS E LIVROS
- CAFÉ. SALÃO DE CHÁ MUITO AGRADÁVEL

1974, a Fundação sofreu algumas adaptações, sendo aberta ao público em 1980.

Trata-se de um Museu histórico cujo variado acervo (dividido em três núcleos: Brasil Colônia, Brasil Império e Mestres do Século XX) é constituído principalmente por móveis, pratarias, tapeçarias, porcelanas, objetos litúrgicos, documentos, pinturas e esculturas. Destaca-se a coleção de arte colonial do século XVIII, mobiliário luso-brasileiro setecentista (cômodas, oratórios, mesas, papeleiras, cadeiras). Merecem especial atenção a coleção de pratarias e porcelanas, dentre as quais a da Companhia das Índias* e um manuscrito de próprio punho de D. Pedro II, gravuras de Franz Post e bela coleção de pinturas modernas.

São poucos os Museus de São Paulo que oferecem cultura e lazer num ambiente de tanta tranqüilidade e beleza.

Fundação Mokiti Okada

VILA MARIANA

Criada no Brasil em 1971, a Fundação tem como patrono Mokiti Okada. Nascido no Japão em 1882, dedicou-se ao longo de sua vida aos estudos filosóficos, à Ikebana* e ao estudo da agricultura. Construiu no Japão dois museus de arte, onde estão reunidas obras de grande importância.

São diversas as áreas de atuação da Fundação: agricultura, arte, cultura, pesquisa, assistência social, educação e projetos editoriais. Possui um acervo de obras de arte e de dois em dois anos realiza o Salão Brasileiro de Artes, com destaque para a pintura. Promove uma série de cursos e palestras abertos ao público.

INFO

- RUA MORGADO DE MATEUS, 77
  04015-050
  TEL: 5087-5083 / 5087-5113
  FAX: 5571-7305
  info@mokitiokada.org.br
  www.mokitiokada.org.br
- VISITAÇÃO: SEGUNDA A SEXTA-FEIRA, DAS 8H30 ÀS 18H
- METRÔ ANA ROSA. ÔNIBUS E ESTACIONAMENTO NAS PROXIMIDADES
- ACESSÍVEL A DEFICIENTES FÍSICOS

Fundação Patrimônio Histórico da Energia de São Paulo

Em 1996, dois grupos de trabalho foram criados pela Secretaria de Estado de Energia de São Paulo, atitude pioneira no Brasil, com a finalidade de constituir uma Fundação com o acervo recebido das empresas energéticas: Comgás, Eletropaulo e Cesp. Em 1998, foi criada a Fundação Patrimônio Histórico da Energia de São Paulo. De natureza variada, inclui construções, objetos museológicos, documentação arquivística (cerca de 250.000 fotografias e recortes de jornais e revistas) e bibliográfica. Estes documentos abrangem o período de meados do século XIX aos anos 90 e constituem importante acervo.

A Fundação possui uma biblioteca especializada na história e desenvolvimento da energia no Estado de São Paulo e um banco de dados, *Enerbíblio,* com cerca de 15.000 títulos.

Seu patrimônio arquitetônico é formado por quatro pequenas usinas hidroelétricas (Usina de Corumbataí*, em Rio Claro; Usina de São Valentim, em Santa Rita do Passa Quatro; Usina de Salesópolis, no município do mesmo nome; Usina do Jacaré*, em Brotas) e dois imóveis urbanos (o Museu da Energia – Núcleo de Itu* e a Antiga Subestação de Jundiaí*, futura sede do Museu da Energia – Núcleo de Jundiaí).

INFO

- RUA DO LAVAPÉS, 463 01519-000 – TEL: 3209-6237 / 3209-6171 – FAX: 3272-2375 editoria@fphesp.org.br www.fphesp.org.br
- VISITAÇÃO: SEGUNDA A SEXTA-FEIRA, DAS 9H ÀS 12H E DE 14H ÀS 16H30. VISITAS DEVEM SER AGENDADAS PELO TEL: 3272-2308
- ÔNIBUS E ESTACIONAMENTO NAS PROXIMIDADES
- ACESSÍVEL A DEFICIENTES FÍSICOS
- MUSEU DA ENERGIA NÚCLEO DE ITU* RUA PAULA SOUZA, 669 13300-000 CENTRO – ITU – SP TEL: 7822-6832
- VISITAÇÃO: TERÇA, QUARTA E SEXTA-FEIRA, DAS 10H ÀS 17H QUINTA-FEIRA, DAS 10H ÀS 21H SÁBADO, DOMINGO E FERIADO, DAS 10 ÀS 17H

Instituto Astronômico e Geofísico

ÁGUA FUNDA

Um dos mais importantes deste gênero na América Latina. Sua origem está ligada à criação, em 1886, da Comissão Geográfica e Geológica do Estado de São Paulo. Entre as secções desta Comissão havia a de Botânica e a de Meteorologia que deu origem, mais tarde, ao Serviço Meteorológico do Estado de São Paulo, em 1927. No início, a sede do observatório ficava na Avenida Paulista, 69, numa interessante construção projetada por José Nunes Belfort de Mattos. Com o rápido crescimento da cidade e com os constantes abalos do terreno, devido ao intenso tráfego de bondes, o observatório precisou ser transferido para adequar-se às condições necessárias para observações astronômicas. O local escolhido foi o Parque do Estado, no bairro da Água Funda. Sua construção foi concluída em 1930, com projeto de autoria de Alypio Leme de

INFO

- UNIVERSIDADE DE SÃO PAULO
AV. MIGUEL STÉFANO, 4200
04301-970
TEL: 5073-8599 (INFORMAÇÕES GERAIS) RM. 222 (INSTITUTO ASTRONÔMICO) R. 249 (ESTAÇÃO METEOROLÓGICA) RM. 237 (GEOFÍSICA)
www.iagusp.usp.br
- VISITAÇÃO: SEGUNDA-FEIRA A SEXTA-FEIRA, DAS 8H ÀS 18H
- VISITAÇÃO AO TELESCÓPIO: INFORMAR-SE PELO TELEFONE
- METRÔ SÃO JUDAS. ÔNIBUS E ESTACIONAMENTO NAS PROXIMIDADES
- PARA ESCOLAS: QUARTAS E SEXTAS-FEIRAS, A PARTIR DAS 19H30, COM DUAS HORAS DE DURAÇÃO. PARA O PÚBLICO EM GERAL: SÁBADOS, A CADA 15 DIAS, NO MESMO HORÁRIO
- AS VISITAS DEVEM SER PREVIAMENTE AGENDADAS
- NO CAMPUS DA CIDADE UNIVERSITÁRIA ESTÃO INSTALADOS OS DEPARTAMENTOS DE CIÊNCIAS ATMOSFÉRICAS E GEOFÍSICAS, COM OS RESPECTIVOS ACERVOS ESPECIALIZADOS

Oliveira, e somente em 1941 foi inaugurado, passando a abrigar a sede do Instituto Astronômico e Geofísico. Em 1972, foi construído um novo observatório fora de São Paulo, no município de Valinhos.

No campus da Água Funda ficam a sede do Instituto, com sua Diretoria, Administração, Serviços Gerais, Departamento de Astronomia, parte do Departamento de Geofísica, Estação Meteorológica e sede da Biblioteca, com acervo relativo à parte especializada em Astronomia.

A Biblioteca possui cerca de 16.000 livros, 21.000 volumes de periódicos, 5.000 cartas topográficas e 600 teses.

O Instituto Astronômico e Geofísico é um centro de pesquisa. Oferece cursos nas áreas de Astronomia, Geofísica e Meteorologia, além de possibilitar visitas do público e de estudantes ao telescópio em seu observatório astronômico.

INFO

- INSTITUTO ASTRONÔMICO E GEOFÍSICO - USP
RUA DO MATÃO, 1226
05508-900 - CIDADE UNIVERSITÁRIA

- DEPARTAMENTO DE CIÊNCIAS ATMOSFÉRICAS
TEL: 3818-4713 / 3818-4731
FAX: 3818-4714

- DEPARTAMENTO DE GEOFÍSICA
TEL: 3818-4755 / 3818-4760
FAX: 3818-5034

Instituto de Botânica

Pesquisas sobre a flora, interesse nas atividades agrícolas, pesqueiras, sanitárias, bromatológicas, medicinais e tecnológicas, manutenção e desenvolvimento do herbário científico do Estado, de reservas biológicas, do Jardim Botânico de São Paulo e do Museu Botânico. Cursos de aperfeiçoamento e estágios voluntários. Dentre os diversos serviços prestados está a venda de plantas ornamentais, sementes e publicações tecnocientíficas (Revista Hoehnea, Boletim do Instituto de Botânica, folhetos educativos e manuais).

O Instituto gerencia a Reserva Estadual das Fontes do Ipiranga, o Jardim Botânico de São Paulo, a Reserva Biológica de Paranapiacaba* e a Reserva Biológica de Mogi-Guaçu*.

Em sua sede encontra-se o Museu Botânico Dr. João Barbosa Rodrigues, que exibe exsicatas* dos ecossistemas do Estado, coleção de extratos vegetais, fibras, óleos, madeiras, sementes, fungos, algas e fotografias. Sua biblioteca possui aproximadamente 6.600 livros, 336 teses e 2.000 títulos de periódicos.

INFO

- PARQUE ESTADUAL DAS FONTES DO IPIRANGA*
AVENIDA MIGUEL STÉFANO, 3.031/3.687
04301-902
TEL: 5584-6300 RM. 229
FAX: 5577-3678
- VISITAÇÃO: SEGUNDA A SEXTA-FEIRA, DAS 8H30 ÀS 17H30
- METRÔ SÃO JUDAS.
ÔNIBUS E ESTACIONAMENTO NAS PROXIMIDADES

Instituto Butantan

Órgão estadual fundado em 1901 pelo médico Vital Brazil (1865-1950), desenvolve pesquisa científica básica, produção de soros e vacinas e atividades educativo-culturais aplicadas à Saúde Pública. Localizado em ampla área verde próxima à Cidade Universitária, teve seu conjunto arquitetônico e parque tombados como patrimônio histórico e paisagístico pelo CONDEPHAAT*, em 1981.

Localiza-se na antiga Fazenda Butantan, onde Vital Brazil preparava o soro para combater o surto epidêmico de peste bubônica em Santos em 1898. A Fazenda dispunha de um laboratório improvisado, uma cocheira adaptada para enfermaria, um alpendre para sangria de cavalos imunizados e um pavilhão para acondicionamento e distribuição de soros. Em 1901, o Presidente Rodrigues Alves deu organização oficial ao Instituto, que recebeu então o nome de Instituto Serumtherápico. Sempre ganhando prestígio, em 1914 foi inaugurado o prédio central, que hoje abriga a Biblioteca, a Divisão Cultural e os Laboratórios de Bioquímica e Farmacologia. Em 1948, um novo prédio foi inaugurado e aos poucos foram construídos o heliporto, biotérios* e outros laboratórios. Possui uma biblioteca com cerca de 60.000 volumes, localizada no prédio central, especializada em Biomedicina. O Instituto Butantan, um dos mais importantes pólos de pesquisa na área, produz anualmente 79 milhões de

INFO

- AV. VITAL BRASIL, 1500
05503-900
TEL: 3726-7222 R. 2206
FAX: 3726-1505
cultbut@bol.com.br
- VISITAÇÃO AO MUSEU BIOLÓGICO E AO MUSEU HISTÓRICO: TERÇA-FEIRA A DOMINGO, DAS 9H ÀS 16H
FECHADO ÀS SEGUNDAS-FEIRAS
- ÔNIBUS NAS PROXIMIDADES
ESTACIONAMENTO
- ACESSÍVEL A DEFICIENTES FÍSICOS
- SERVIÇO DE MONITORIA PARA GRUPOS E ESCOLAS
- LANCHONETE
- LOJA
- BIBLIOTECA: SEGUNDA A SEXTA-FEIRA, DAS 8H ÀS 17H

doses de vacinas e 380 mil ampolas de soro antiofídico.

MUSEU BIOLÓGICO

Funcionando na cocheira construída em 1920, é um dos mais importantes museus do mundo dedicados à exposição de serpentes, lagartos, iguanas, sapos, aranhas e escorpiões vivos e instalados em biodioramas, locais ambientados de forma a reproduzir o mais fielmente possível o habitat natural desses animais. Encontram-se em exposição cem animais, entre os quais, 49 espécies de serpentes, em sua maior parte brasileiras, além de peixes venenosos e o macacário, com 45 macacos da espécie Rhesus. O visitante encontra, ao longo da exposição, descrições dos animais, com textos em português e inglês. A par disso, monitores, identificados pelo colete cáqui, ficam à disposição para esclarecer dúvidas.

O Butantan possui também o Quiosque, com cerca de 15 cobras, o Serpentário, grande tanque de serpentes ao ar livre, e o Macacário, criadouro de macacos, ao lado de um viveiro de gansos.

Possui também a "Estação Cultural Multimídia", onde o visitante pode obter informações sobre estes animais, assim como sobre prevenção de acidentes e outras informações de valor, também contidas no cd-rom "O Butantan e as serpentes do Brasil". O Museu Biológico oferece, para escolas e feiras de ciências, sob empréstimo, mostruários com animais conservados. Mantém ainda uma exposição itinerante, que percorre várias cidades do país.

A "Loja do Museu" comercializa réplicas de cobras, postais e publicações do Instituto.

No Bairro da Lapa, numa antiga estação de trem, funciona a Estação Ciência, da Universidade de São Paulo, onde o Museu Biológico mantém um estande permanente com animais vivos e material manuseável – a chamada Parada Butantan.

MUSEU HISTÓRICO

No antigo laboratório, onde o doutor Vital Brazil trabalhou, este museu apresenta uma coleção de móveis, aparelhos, microscópios, vidraria e outras peças originais, além de painéis que contam a sua história.

MUSEU DE RUA

Em alameda ladeada por árvores, oferece a possibilidade de melhor conhecer a história do Instituto por meio de seus 42 painéis bilíngües.

Instituto de Estudos Brasileiros – IEB

Criado em 1962 pelo Prof. Sérgio Buarque de Holanda, é um centro interdisciplinar de pesquisa e documentação, voltado para a historiografia e para a cultura brasileira. Está instalado desde 1993, em uma sede de 2.800 m^2, dos quais 1.800 m^2 dedicados ao acervo.

Reconhecido no país e no exterior, o IEB possui grande experiência em pesquisa, no trato e exploração de seu acervo. Composto de livros, arquivos pessoais ricos em anotações e manuscritos, recortes e fotografias, resenhas, partituras do século XVI ao XX; de manuscritos, cartas, fotos, recortes e outros documentos guardados por escritores, historiadores e artistas brasileiros; de desenhos, gravuras, pinturas e esculturas, seu acervo contém verdadeiras preciosidades. Dentre elas, o livro mais antigo existente hoje na USP, a "Crônica de Nuremberg", de 1493.

O Acervo da Coleção de Artes Visuais possui cerca de 2.000 obras, das quais fazem parte as coleções: Mário de Andrade (artes plásticas, imagens religiosas, passos, caricaturas); Anita Malfatti (cadernos com desenhos); Maria Thereza Lemos de Arruda Camargo (instrumentos musicais populares brasileiros); Bernardino Ficarelli (aquarelas, desenhos, cadernos de estudo e documentos); Mariana Quito (gravuras); Carlos Alberto Passos e Graciliano Ramos.

O IEB desenvolve diversas atividades: exposições permanentes e

INFO

- UNIVERSIDADE DE SÃO PAULO
  AV. PROF. MELLO MORAES, TRAVESSA 8, 140 – COLMÉIAS
  05508-900 TEL: 3818-3247
  csocial@memorial.org.br
  www.memorial.org.br
- VISITAÇÃO: SEGUNDA A SEXTA-FEIRA, DAS 14H ÀS 17H
- BIBLIOTECA: 3818-3467
  SEGUNDA A SEXTA-FEIRA, DAS 9H ÀS 17H
- ÔNIBUS E ESTACIONAMENTO NAS PROXIMIDADES
- ACESSÍVEL A DEFICIENTES FÍSICOS
- SERVIÇO DE MONITORIA (DEVE SER AGENDADO)

mostras periódicas, pesquisa, documentação de obras e artistas, conservação, documentação, além de colaborar com pesquisadores e instituições.

Sua biblioteca conta com cerca de 100.000 volumes e arquivo com 250.000 documentos. É um centro de estudos que merece uma visita tranqüila e profunda. Local indispensável para pesquisadores, estudiosos e amantes da cultura.

Instituto de Física

Não se trata de um museu propriamente dito, mas sim, de um cenário projetado para estimular o imaginário e o interesse do visitante, com fenômenos de movimento, eletricidade, ótica, eletromagnetismo, ondas mecânicas e sonoras, calor, termodinâmica e mecânica. Os principais elementos são o inesperado, o curioso e o mágico-lúdico.

Estes espetáculos são realizados tanto para escolares como para o público em geral, visando despertar o aprendizado da Física, com alegria e naturalidade.

INFO

- DEPARTAMENTO DE FÍSICA EXPERIMENTAL – USP
  RUA DO MATÃO, TRAVESSA "R", 187 – SALA 211 – ALA CENTRAL
  05508-900
  TEL: 3818-6977 / 3818-6642
  FAX: 3818-6713
- VISITAÇÃO: SEGUNDA À SEXTA-FEIRA, DAS 9H ÀS 12H, DAS 14H ÀS 17H E DAS 20H ÀS 22H
- ÔNIBUS E ESTACIONAMENTO NAS PROXIMIDADES
- ABERTO AO PÚBLICO MEDIANTE AGENDAMENTO

Instituto Geográfico e Cartográfico

O Instituto Geográfico e Cartográfico, no local desde 1979, é importante centro de pesquisa e apoio a todos que se preocupam com a história e a geografia do Estado de São Paulo. Possui um setor técnico dirigido à execução do mapeamento de todas as áreas do Estado e particularmente das divisas dos municípios.

INFO

- UNIVERSIDADE DE SÃO PAULO
AV. PROF. LINEU PRESTES, 813
05508-900
TEL: 3031-3969
FAX 3031-3969 RM. 203
- VISITAÇÃO: SEGUNDA A SEXTA-FEIRA, DAS 9H ÀS 12H E DAS 14H ÀS 17H
- ÔNIBUS E ESTACIONAMENTO NAS PROXIMIDADES
- POSSUI BIBLIOTECA E MAPOTECA

Instituto Geológico

Desenvolve principalmente estudos, pesquisas e trabalhos em geociências aplicados à solução de problemas emergentes ou que necessitem soluções a médio e longo prazos. Presta diversos serviços de estudo do meio físico como subsídio para o planejamento de uso e ocupação do solo, dá assessoria técnica para regulamentação e implantação de Áreas de Proteção Ambiental, além de dar apoio técnico aos Planos Diretores Municipais. Promove também cursos e estágios de interesse na área de educação ambiental.

Coleções muito importantes: a Paleontológica, a Litoteca, o Acervo de Cartas Topográficas, além de fotos aéreas pancromáticas. Publica uma revista, boletins, monografias e relatórios. Sua Biblioteca/Mapoteca Zenóbia Pereira da Silva de Moraes Bastos é composta de livros, teses, periódicos e vários mapas.

INFO

- CENTRO ESTADUAL DA AGRICULTURA
  AVENIDA MIGUEL STÉFANO, 3.900
  04301-903
  TEL: 5585-9994 / 5058-9994
  5077-2219
- VISITAÇÃO: SEGUNDA A SEXTA-FEIRA, DAS 8H30 ÀS 17H30
- METRÔ SÃO JUDAS. ÔNIBUS E ESTACIONAMENTO NAS PROXIMIDADES
- ATENDIMENTO MONITORADO A ESTUDANTES E PROFESSORES

Instituto Goethe (Goethe Institut)

O Goethe-Institut, criado em 1952, é uma organização que atua em todo o mundo divulgando a língua e a cultura alemãs e desempenhando, também, funções político-culturais no exterior.

O Instituto de São Paulo, além dos cursos oferecidos, possui ampla biblioteca, de livre acesso e aberta ao público em geral, com obras em alemão e português, versando principalmente sobre filosofia, literatura, artes, história contemporânea e língua alemã. Nele se encontram também jornais alemães, vídeos, fitas cassete, cds, revistas, cd-rom, além de catálogos variados e filmes de 16 mm.

Muito importante também são as exposições de arte, os espetáculos de artes cênicas, de música, ciclos de cinema, palestras que o Instituto oferece tanto no auditório de sua sede quanto em outras localidades.

INFO

- RUA LISBOA, 974 - 05413-001
  CAIXA POSTAL 41670
  TEL: 3088-4288 FAX: 3060-8413
  biblgisp@uol.com.br
  www.goethe.de/br/sap
- VISITAÇÃO: CONFIRMAR PELO TELEFONE
- BIBLIOTECA: SEGUNDAS E QUINTAS-FEIRAS, DAS 15H ÀS 21H, TERÇAS E QUARTAS-FEIRAS, DAS 9H ÀS 11H E DAS 17H ÀS 21H
- FILMOTECA: TERÇAS E QUINTAS-FEIRAS, DAS 9H ÀS 11H30 E DAS 14H ÀS 17H
- METRÔ SUMARÉ. ÔNIBUS E ESTACIONAMENTO NAS PROXIMIDADES
- LANCHONETE
- ACESSÍVEL A DEFICIENTES FÍSICOS

Instituto Histórico e Geográfico de São Paulo

É a primeira instituição criada no Brasil com o propósito de preservar documentos históricos relativos à história do Brasil e mais particularmente dos Estados onde existam sedes do Instituto. O primeiro Instituto a ser fundado foi o do Rio de Janeiro em 1838. Depois viriam os de Recife, 1862, e o de São Paulo, 1894. Publicou entre meados do século XIX e início do século XX a Revista do Instituto Histórico e Geográfico, com estudos científicos, relatos de expedições geográficas e textos de cunho histórico.

Na sua sede de São Paulo encontram-se: a Biblioteca Afonso d'Escragnolle Taunay, com mais de 60.000 volumes, especializada em história geral e história de São Paulo; a Hemeroteca Julio de Mesquita e o Museu José Bonifácio, no qual ficam expostos peças de vestuário do período imperial, objetos referentes à Guerra do Paraguai e à Revolução de 32, documentos e objetos pessoais de José Bonifácio e Santos Dumont.

INFO

- RUA BENJAMIN CONSTANT, 158
7º ANDAR - 01005-000
TEL: 3242-3582 / 3242-8064
FAX: 3242-8064
- VISITAÇÃO DO MUSEU:
QUINTAS E SEXTAS FEIRAS, DAS 13H ÀS 18 H
- VISITAS DEVEM SER AGENDADAS
- METRÔ SÉ. ÔNIBUS NAS PROXIMIDADES
- BIBLIOTECA: SEGUNDA A QUARTA-FEIRA, DAS 13H ÀS 18H

Instituto Lina Bo e P. M. Bardi

MORUMBI

Instalada na antiga residência do casal, a "Casa de Vidro", projeto de Lina Bo, exemplo da arquitetura moderna brasileira dos anos 50. Primeira edificação do bairro sobre finos pilotis, aproveita a topografia inclinada do terreno de onde se descortina maravilhosa vista. Cercada por 7.000 m^2 de árvores típicas da Mata Atlântica, é um patrimônio cultural representativo, tombado pelo CONDEPHAAT* em 1986.

O Instituto preserva um acervo de mais de 100 peças reunidas pelo casal. São exemplos de vários períodos e estilos artísticos, tais como uma escultura grega de Diana, a caçadora, do século V, mesas de mármore italiano, do século XVI, quadros de autores consagrados, tapetes, móveis, além de objetos do imaginário popular colecionados por Lina ao longo de suas andanças pelo Brasil.

Fundado pelo casal em 1990, o Instituto edita também publicações de arte em geral.

INFO

- RUA GENERAL ALMÉRIO DE MOURA, 200
  05690-080
  TEL/FAX: 3744-9902 / 3744.9830
  institutobardi@institutobardi.com.br
  www.institutobardi.com.br
- VISITAÇÃO: SEGUNDA A SEXTA-FEIRA DAS 9H30 ÀS 14H30
- ÔNIBUS E ESTACIONAMENTO NAS PROXIMIDADES
- AGENDAR POR TELEFONE

Instituto Moreira Salles

Aberto ao público em janeiro de 1996, num moderno e funcional edifício em frente à Praça Buenos Aires. Mantido pelo Unibanco, é uma entidade civil, criada em 1990, cuja finalidade exclusiva é a programação e o desenvolvimento de projetos culturais concebidos e executados pelo próprio Instituto, nas áreas de fotografia, literatura, cinema e artes.

Além do importante centro de São Paulo, o IMS possui outras unidades em outros Estados brasileiros – dois em Minas Gerais (Poços de Caldas e Belo Horizonte) e um no Rio de Janeiro, o que lhe permite atuar como um circuito integrado. Também coordena atividades dos Espaços Unibanco de Cinema – uma rede de vários cinemas, voltados a filmes de qualidade, em São Paulo, Rio de Janeiro, Belo Horizonte, Porto Alegre e Fortaleza.

O IMS-SP possui em seu acervo importantes coleções fonográficas, fotográficas e documentais, bibliotecas e arquivos históricos, obras de arte. A recepção, guarda, manutenção e divulgação deste patrimônio, uma das atividades mais importantes do IMS, são fundamentais para preservar a memória da cultura brasileira.

INFO

- RUA PIAUÍ, 844, 1º ANDAR
01241-000
TEL/FAX: 3825-2560
- VISITAÇÃO: TERÇA A SEXTA-FEIRA, DAS 13H ÀS 20H
SÁBADO E DOMINGO, DAS 13H ÀS 18H
- METRÔ SANTA CECÍLIA
ÔNIBUS NAS PROXIMIDADES
ESTACIONAMENTO PARA AUTOMÓVEIS
- ACESSÍVEL A DEFICIENTES FÍSICOS

Instituto Tomie Ohtake

Instalado no conjunto Ohtake Cultural, 65.000 m² de área, projeto do arquiteto Ruy Ohtake, o Instituto Tomie Ohtake, 12.000 m², é um dos mais novos centros culturais de São Paulo.

São quatro salas de exposição, uma de vídeo, duas áreas de 400 m² destinadas à retrospectiva da obra de Tomie (aproximadamente 100 pinturas, 30 gravuras, 3 esculturas e uma instalação), além de um teatro para 750 pessoas, sala multimídia e um centro de convenções.

INFO

- RUA COROPÉS, 88
  05426-010
  TEL: 3873-0618
- VISITAÇÃO: TERÇA-FEIRA A DOMINGO DAS 11H ÀS 20H
- ÔNBUS E ESTACIONAMENTO NAS PROXIMIDADES
- RESTAURANTE
- LIVRARIA
- LOJA

Itaú* Cultural São Paulo

Criado em 1998, localizado numa das avenidas mais importantes da cidade, está sediado num edifício de autoria do arquiteto Ernest Mange, inteiramente voltado para as atividades culturais. Este Instituto destaca-se pela intensa programação de música, teatro, literatura, artes visuais, artes cênicas, cinema e vídeo, novos meios de comunicação e *design*. Buscando preservar a memória cultural brasileira e revelar a recente produção nestas diversas áreas, promove debates, palestras, concertos e mostras itinerantes em suas cinco sedes: Campinas, Belo Horizonte, Brasília, Penápolis e São Paulo.

Possui uma área total de 11.000 m², onde se incluem áreas para exposições, um teatro, três auditórios, salas de oficinas, dependências para pesquisa e produção, Centro de Documentação e Referência, que abriga, além de um banco de

INFO

- AV. PAULISTA, 149
01311-000
TEL: 3238-1700 FAX: 3238-1720
www.itaucultural.org.br
instituto@itaucultural.org.br
- VISITAÇÃO: TERÇA A SEXTA-FEIRA, DAS 10H ÀS 21H
SÁBADO E DOMINGO, DAS 10H ÀS 19H
- METRÔ PARAÍSO. ÔNIBUS E ESTACIONAMENTO NAS PROXIMIDADES
- ACESSÍVEL A DEFICIENTES FÍSICOS
- BIBLIOTECA
- LANCHONETE
- VIDEOTECA COM SISTEMA DE EMPRÉSTIMO DE FILMES
- VISITAS MONITORADAS DEVEM SER AGENDADAS
TEL: 3238-1915 / 3238-1916
- INFORMAÇÕES SOBRE DISTRIBUIÇÃO DE PRODUTOS E A PROGRAMAÇÃO
TEL: 3238-1777 / 3238-1776
3238-1915 / 3238-1916
- ITAÚ CULTURAL CAMPINAS
AV. MORAES SALLES, 1373
13010-002 - CAMPINAS - SP
TEL/FAX: (19) 3254-6795
campinas@itaucultural.org.br

dados informatizado (o maior do país sobre arte brasileira), coleções em diferentes meios de comunicação, hemeroteca com mais de 5 mil artigos sobre artes e ciências humanas, videoteca circulante com mais de 2 mil opções de curtas metragens e documentários, e uma biblioteca com 16 mil volumes, entre livros, catálogos de arte, fotografia e literatura.

O Instituto é formado por vários núcleos: Artes Cênicas, Artes Visuais, Cinema e Vídeo, Difusão, Edição, Literatura, Música, Novas Mídias.

No 9º andar encontra-se o Museu Herculano Pires, dedicado à numismática, também citado neste guia.

INFO

- ITAÚ CULTURAL BELO HORIZONTE
RUA GOITACAZES*, 29
30190-050
BELO HORIZONTE - MG
TEL/FAX: (31) 3222-8160

- GALERIA ITAÚ CULTURAL BRASÍLIA
SQS QUADRA 3 BLOCO A Nº 30
70300-907 - BRASÍLIA - DF
brasilia@itaucultural.org.br

- GALERIA ITAÚ CULTURAL PENÁPOLIS
AV. LUIZ OSÓRIO, 608
16300-000 - PENÁPOLIS - SP
penapolis@itaucultural.org.br

Memorial da América Latina

Projetado e construído pelo arquiteto Oscar Niemeyer, está instalado num conjunto de 10 prédios, com 25.000 m^2 de área, num amplo espaço de 84.000 m^2. Os diversos blocos que o formam oferecem opções diversas com o objetivo de desenvolver a integração entre os povos da América Latina como, por exemplo, o Parlamento Latino-Americano. Destacam-se também o Pavilhão da Criatividade Popular, onde se pode caminhar sobre uma maquete (de autoria de Gepp e Maia) representando o folclore de cada país latino-americano; a Galeria Marte Traba de Arte Latino-Americana; o Auditório Simón Bolívar, com capacidade para 1.609 pessoas; a Biblioteca Latino-Americana Victor Civita, com aproximadamente 30.000 volumes; a Videoteca, com mais de 1.500 fitas de vídeo; a Fonética, com mais de 1.600 fitas cassetes e mais de 400 discos de música

INFO

- AV. AURO SOARES DE MOURA ANDRADE, 664
  01156-001
  TEL: 3823-4600
  FAX: 3823-4611
  csocial@memorial.org.br
  www.memorial.org.br
- VISITAÇÃO: TERÇA-FEIRA A DOMINGO, DAS 9H ÀS 18H
- METRÔ BARRA FUNDA
  ÔNIBUS E ESTACIONAMENTO NAS PROXIMIDADES
- ESTACIONAMENTO FÁCIL PARA AUTOMÓVEIS E ÔNIBUS DE EXCURSÃO
- ACESSÍVEL A DEFICIENTES FÍSICOS
- SERVIÇO DE MONITORIA DEVE SER AGENDADO PELOS TELEFONES:
  3823-9686/ 3823-9652
- BIBLIOTECA
- LANCHONETE
- VIDEOTECA
- FONOTECA

latino-americana. O projeto cultural foi idealizado pelo antropólogo e escritor Darcy Ribeiro, visando desenvolver no brasileiro a integração e a amizade dos povos latino-americanos. Este conjunto apresenta atividades culturais variadas, além de biblioteca, exposição permanente de arte popular e galeria de arte.

O acervo, especializado em cultura regional, é composto de peças dos países latino-americanos, merecendo destaque o vestuário, tecelagens, bordados, objetos de cerâmica, madeira, instrumentos musicais, artefatos típicos, brinquedos cuidadosamente selecionados e dispostos. Com este acervo pode-se perceber a importância dos povos representados.

Na área externa, na Praça Cívica, realizam-se manifestações culturais. Nela se encontra a "Grande Mão", símbolo da luta dos povos latinos. Vale ainda uma visita ao Salão dos Atos, reservado a solenidades especiais, onde se destaca o painel "Tiradentes", de Cândido Portinari, além de seis painéis heráldicos, que homenageiam os povos pré-colombianos, afros da América Latina, conquistadores, imigrantes e libertadores.

O Memorial possui o Portal do Memorial – www.memorial.org.br – canal de interação ligando todo o mundo latino-americano, onde circula, por exemplo, a revista *Nuestra America,* que também pode ser adquirida em papel na biblioteca.

Possui um auditório para palestras e espetáculos, além de apresentar periodicamente a Orquestra Jazz Sinfônica, a Banda Sinfônica do Estado e programação musical variada, gratuita, destinada ao público. No local, uma loja com artigos de cerâmica, talha, tecelagem, CDs e várias publicações.

Memorial do Imigrante

Instalado na antiga Hospedaria de Imigrantes, inaugurada em 1887, administrada pela Sociedade Protetora da Imigração, criada para acolher o crescente número de imigrantes que aqui chegavam nos fins do século XIX, quando houve necessidade de mão-de-obra, após a promulgação da lei Áurea. Imponente conjunto de prédios construídos entre 1886 e 1888, raro exemplar do patrimônio arquitetônico, histórico e cultural da cidade de São Paulo. Em 1986, foi criado o Centro Histórico do Imigrante, responsável pela guarda de toda a documentação oficial da Hospedaria.

A maior parte dos imigrantes chegava ao porto de Santos, subia a serra pela estrada de ferro e era alojada nos amplos dormitórios da Hospedaria onde fazia três refeições diárias e recebia assistência médica, enquanto esperava seus contratos de trabalho.

INFO

- MUSEU DA IMIGRAÇÃO CENTRO DE PESQUISA E DOCUMENTAÇÃO
- NÚCLEO DE ESTUDOS E TRADIÇÕES
- NÚCLEO HISTÓRICO DOS TRANSPORTES

R. VISCONDE DE PARNAÍBA, 1316
01364-300
TEL: 6693-0917 / 6692-7804
FAX: 6693-1446
imigrant@plugnet.com.br
www.memorialdoimigrante.sp.gov.br

- VISITAÇÃO: TERÇA-FEIRA A DOMINGO, DAS 10H ÀS 17H
- A COMPOSIÇÃO FERROVIÁRIA E O BONDE FUNCIONAM TODOS OS DOMINGOS E FERIADOS, DAS 10H ÀS 17H
- METRÔ BRESSER. ÔNIBUS E FÁCIL ESTACIONAMENTO NAS PROXIMIDADES
- ACESSÍVEL A DEFICIENTES FÍSICOS
- SERVIÇO DE MONITORIA PARA GRUPOS E ESCOLAS. OS GRUPOS DEVERÃO AGENDAR PREVIAMENTE A VISITA, PELOS TELEFONES 6692-9218 / 6692-1335, DE TERÇA A SEXTA FEIRA, DAS 9H ÀS 17H
- LOJA
- CAFETERIA
- AUDITÓRIO
- BIBLIOTECA

Estes imigrantes compõem um mosaico de cerca de 70 nacionalidades, que aos poucos introduziram receitas culinárias, novas formas de falar e vestir, brincadeiras infantis, canções, festividades, ofícios religiosos, técnicas, artes, literatura e principalmente sonhos.

O Memorial conta com várias salas de exposições permanentes ou temporárias, ambientadas para o início do século, o que o destaca entre os demais museus de São Paulo porque torna a história viva e envolvente. Biblioteca especializada em imigração, acervo de centenas de fotos, dezenas de gravações em vídeo de depoimentos de imigrantes, além de agradáveis jardins.

Há uma "fazenda de café", com um pequeno cafezal e objetos usados nas plantações. Numa das salas, transformada em oficina de redação, há várias máquinas, objetos utilizados em impressão e exemplares do jornal "O Malho", editado por italianos no início do século XX. Em uma das duas locomotivas que pertencem ao acervo (a "Velha Senhora", uma locomotiva a vapor, *Baldwin* de 1927, a maior existente no Brasil, e a "Marta" outra de 1922), pode-se fazer um passeio (Memorial-Estação Bresser do Metrô) e ter a mesma sensação de nossos antepassados quando viajavam. Também o bonde, construído na Inglaterra em 1912 e que pertenceu a *The City of Santos Improvements Company,* nos faz retroceder no tempo.

O Memorial fornece, ainda, Certidão de Desembarque e comprovação de descendência em casos de herança. O atendimento é feito de terça a sexta-feira, das 13h às 16h.

É um museu que interessa às mais diversas gerações, promovendo integração entre as nacionalidades.

Museu da Abadia São Geraldo

Intimamente ligado ao Mosteiro São Geraldo, que desenvolve várias obras sociais e mantém o Colégio Santo Américo, fundado no bairro de Santa Cecília há 50 anos.

Grande parte do seu acervo foi cedida por imigrantes húngaros, que aqui chegaram principalmente depois das duas guerras mundiais e após 1956. Os monges beneditinos húngaros vieram a São Paulo auxiliar os imigrantes que não possuiam estrutura para se organizar. É importante salientar que a Hungria perdeu a maior parte de seu território pelo Tratado de Trianon (4/6/1920). Quem vivia nas áreas desmembradas tornou-se apátrida, sem ter nem mesmo passaporte. Com o objetivo de preservar a cultura do povo húngaro, o Museu apresenta temas específicos, a cada mês, para exprimir características da antiga pátria e servir, nos dias de hoje, de ponto de referência. Seu acervo consta de mais de 1.100 peças, entre as quais medalhas, fotografias, vestimentas e objetos que contam um pouco da história da Hungria.

Muitos destes objetos pertenciam a imigrantes que, quando aqui chegaram, não tendo lugar para guardá-los, os deixavam com os religiosos, iniciando-se assim a coleção. No fim de 1998 começou, realmente, a organização museológica por uma equipe.

INFO

- RUA SANTO AMÉRICO, 357
  05629-020
  TEL: 3742-1888 RM. 295
- VISITAÇÃO: SEGUNDA A SEXTA-FEIRA, DAS 10H ÀS 16H
- AS VISITAS PRECISAM SER AGENDADAS COM ANTECEDÊNCIA
- ESTACIONAMENTO NAS PROXIMIDADES

Museu da Aeronáutica da Fundação Santos Dumont

COTIA

Criado pela Fundação Santos Dumont e pela Comissão do Museu da Aeronáutica em 1956, durante o Governo de Lucas Nogueira Garcez. Com intuito educativo, o acervo original era composto de vários exemplares da aviação, entre eles alguns provenientes do Museu Paulista.

Seu interessante acervo possui 15 aeronaves, de diversas fases da Aeronáutica Brasileira, como uma réplica do "14 Bis", o "Jahu"*, o "Demoiselle" original, o avião de Ada Rogato (primeira aviadora a realizar a travessia das Américas), cestos de balão (dirigíveis), réplicas em miniatura de dirigíveis, "Paulistinhas", cordas, documentos sobre a aviação no Brasil e fotografias, além de importante acervo sobre Santos Dumont (fotografias, documentos e objetos pessoais).

Durante aproximadamente 40 anos este museu ocupou o Pavilhão Lucas Nogueira Garcez, no Ibirapuera, local privilegiado, um dos marcos culturais da cidade de São Paulo. Hoje está instalado num antigo casarão, infelizmente muito distante do local de origem de sua fundação.

INFO

- PARQUE CEMUCAM
RUA MESOPOTÂMIA, S/Nº
PARQUE CEMUCAM - JARDIM PASÁRGADA
ENTRADA PELO KM 25,5 DA RODOVIA RAPOSO TAVARES
TEL: 4612-0329
- VISITAÇÃO: SEGUNDA A SEXTA-FEIRA, DAS 10 ÀS 16H
- AGENDAMENTO PRÉVIO NECESSÁRIO. POSSUI SERVIÇO DE MONITORIA

Museu de Anatomia Humana Prof. Alfonso Bovero

Faz parte do Instituto de Ciências Biomédicas da Universidade de São Paulo. Foi criado em 1914, ano em que o Prof. Alfonso Bovero, italiano, assumiu a cadeira de Anatomia Descritiva da recém criada Faculdade de Medicina de São Paulo. Nos anos posteriores, seus alunos colaboraram para que este acervo fosse transformado em museu anatômico. Atualmente, encontram-se expostas 1.100 peças conservadas por diversos métodos e catalogadas de acordo com os aparelhos que constituem o corpo humano. O acervo conta também com aproximadamente 300 peças, que são expostas em Feiras de Ciências, em escolas de primeiro e segundo graus, utilizadas em aulas práticas. Soma-se a este acervo uma coleção de 400 crânios destinados a pesquisas nas áreas da Medicina, Odontologia e Antropologia. É um museu muito visitado por escolas.

INFO

- UNIVERSIDADE DE SÃO PAULO
  AVENIDA PROFESSOR LINEU PRESTES, 2415
  05508-900
  EDIFÍCIO BIOMÉDICAS III
  TEL: 3818-7360
- VISITAÇÃO: SEGUNDA A SEXTA-FEIRA, DAS 9H ÀS 16H
- ABERTO AO PÚBLICO EM GERAL VISITAS DE ESCOLAS DEVEM SER AGENDADAS
- ÔNIBUS E ESTACIONAMENTO NAS PROXIMIDADES
- ACESSÍVEL A DEFICIENTES FÍSICOS

Museu de Anatomia Veterinária Prof. Plínio Pinto e Silva

Formado por um acervo de 2.000 peças, foi oficialmente inaugurado em 1984. Mesmo antes de sua inauguração sempre foi muito visitado por estudantes universitários e escolares. Trata-se de um Museu de Anatomia Comparada, um dos poucos exemplares desta categoria. Especialistas na área citam a existência de 40 deles ao todo no mundo. Entre as peças expostas, os esqueletos representam os cinco grupos de vertebrados principais: peixes, répteis, anfíbios, aves e mamíferos. Algumas peças destacam-se pela raridade e pela curiosidade, como um esqueleto e um coração de baleia da espécie Minke, esqueletos de um elefante e de uma girafa. A exposição está montada para que o visitante possa comparar as diferentes espécies e ampliar seu conhecimento quanto ao modo de vida dos animais, seus padrões alimentares e as condições do seu habitat, o que a torna um estímulo ao aprendizado.

INFO

- UNIVERSIDADE DE SÃO PAULO
  AV. PROF. LÚCIO MARTINS RODRIGUES, TRAV. 4 BL. 7
  05508-900
  TEL: 3818-4234
  tele@usp.com.br
- VISITAÇÃO: SEGUNDA A SEXTA-FEIRA, DAS 8H ÀS 12H E DAS 13H ÀS 16H
- ÔNIBUS E ESTACIONAMENTO NAS PROXIMIDADES
- ACESSÍVEL A DEFICIENTES
- VISITAS DE ESCOLAS DEVEM SER AGENDADAS. NÃO HÁ SERVIÇO DE MONITORIA, MAS MEDIANTE AGENDAMENTO ESTUDANTES DE BIOLOGIA E VETERINÁRIA PODEM ACOMPANHAR A VISITA

Museu Antônio Vituzzo (1875-1940)

Museu particular, com um vastíssimo acervo dedicado quase inteiramente à imagem e ao som.

Antonio Vituzzo, antigo proprietário da distribuidora Saturno Filmes, determinado e incansável colecionador, começou em 1978 a formar este museu que leva o nome de seu avô. Nele se encontram máquinas fotográficas, flashes (desde os primeiros a magnésio), lanternas mágicas, vitrolas, discos, projetores, telas, filmes, fonógrafos (dentre eles uma raridade feita na Índia), projetor de slides (um a querosene, anos 30), filmadoras a manivela, objetivas cinemográficas (desde 1893), "lambe-lambes", gravadores a fio de aço, a fio de papel, a poliéster, rádios portáteis (desde os primeiros), rebobinadeiras, coladeiras, moviolas, cilindro do primeiro fonógrafo de Édison, fotômetros e muito mais, além de uma biblioteca, revistas, cartazes de cinema, recortes, autógrafos, e objetos vários que fazem parte desta impressionante coleção.

INFO

- RUA LINS DE VASCONCELLOS, 1125 - 01537-000
  TEL: 3207-1829
  www.trix.net/cine/cinevituzzo.htm
- VISITAÇÃO: AGENDAR DIA E HORA POR TELEFONE
- METRÔ ANA ROSA
  ÔNIBUS E ESTACIONAMENTO NAS PROXIMIDADES

Museu de Arqueologia e Etnologia

Criado em 1989 pela integração de duas unidades, o Instituto de Pré-História e o antigo MAE, por iniciativa do Reitor José Goldenberg, quando da fusão dos acervos de Arqueologia e Etnologia do Museu Paulista e do Acervo Plínio Ayrosa, do Departamento de Antropologia, da Faculdade de Filosofia, Letras e Ciências Humanas.

Suas 120.000 peças, aproximadamente, fazem parte de coleções de Arqueologia do Mediterrâneo e Médio Oriente, África, com ênfase na Pré-História brasileira. Este acervo vai da Pré-História aos nossos dias: máscaras, amuletos, armas, cerâmicas, pinturas, adornos, vestimentas, utensílios domésticos, instrumentos musicais e de trabalho.

O MAE possui duas grandes áreas: a científica, voltada para o trabalho científico de Arqueologia e Etnologia, e um segmento voltado para

INFO

- UNIVERSIDADE DE SÃO PAULO
AV. PROF. ALMEIDA PRADO, 1466
05508-900 (AO LADO DA PREFEITURA DA CIDADE UNIVERSITÁRIA)
TEL: 3818-4905, 3818-4897, 3818-4901 E 3818-4905
sacadmae@edu.usp.br
- VISITAÇÃO: TERÇA A SEXTA-FEIRA, DAS 10H45 ÀS 12H E 15H45 ÀS 17H
SÁBADO, DAS 11H ÀS 14H.
- ÔNIBUS E ESTACIONAMENTO NAS PROXIMIDADES.
OS ÔNIBUS DEVERÃO ENTRAR NO CAMPUS PELA AV. POLITÉCNICA (PORTÃO 2, PRÓXIMO À PONTE JAGUARÉ, MARGINAL PINHEIROS)
- ACESSÍVEL A DEFICIENTES FÍSICOS
- SERVIÇO DE MONITORIA. DEVE SER AGENDADO
- VIDEOTECA
- BIBLIOTECA
- LOJA

pesquisas no campo da Museologia e da Educação. Realiza também projetos de difusão do conhecimento junto ao serviço de musealização. Faz parte da Divisão Científica o Serviço Técnico de Curadoria, composto pelas equipes técnicas de Laboratório de Arqueologia e Etnologia, de Laboratório de Conservação e Restauro e de Documentação Museológica, que desenvolvem atividades tecnocientíficas básicas e indispensáveis à manutenção e gerenciamento do acervo.

O MAE se destaca não somente pelo seu empenho na preservação histórica, na transmissão da informação e cultura ao público em geral, pela experimentação museológica e, principalmente, pela formação tecnocientífica de profissionais ligados à área. Promove exposições didáticas, *kits* didáticos (ligados aos temas do acervo), publicações pedagógicas, confecção de roteiros para visitas às exposições, concepção de mobiliário e linguagem de apoio expositivos. Possui um atendimento especial para estudantes do primeiro, segundo e terceiro graus e para o público em geral, realizando cursos e palestras para treinamento de professores.

Museu de Arte Brasileira

Faz parte da Fundação Armando Álvares Penteado, que desde o seu surgimento, em 1947, sempre esteve ligada às artes, principalmente ao seu ensino e divulgação.

Em 1961 foi inaugurado o Museu de Arte Brasileira, cuja proposta é trazer a público obras significativas para a produção artística nacional. Museu didático, sempre apresentou mostras individuais ou coletivas, algumas retrospectivas, exposições históricas ou temáticas, investigando nossas raízes, bem como as influências estrangeiras que se fizeram sentir no Brasil.

Uma de suas preocupações é a investigação do perfil artístico da produção nacional por meio de sua programação e de seu acervo, e documentar sua própria época e nosso passado. Um exemplo disto foi sua exposição inaugural "Barroco no Brasil". Pelas esculturas, referências à arquitetura barroca, pinturas, imagens, peças de mobiliário, ourivesaria e numismática expostas visualiza-se o barroco de forma integral e como se tornou um elemento formador da mentalidade brasileira. Encontram-se no saguão do MAB moldagens de trabalhos do Aleijadinho. São remanescentes desta exposição inaugural.

Seu acervo conta aproximadamente com 2.500 obras, agrupadas em núcleos: transição do século XIX para o século XX, modernistas*, artistas proletários dos anos 30/40,

INFO

- FUNDAÇÃO ARMANDO ÁLVARES PENTEADO
  R. ALAGOAS, 903 - 01242-001
  TEL: 3662-1662
  museu.secretaria@faap.br
- VISITAÇÃO: TERÇA A SEXTA-FEIRA, DAS 10H ÀS 20H - SÁBADO E DOMINGO, DAS 13H ÀS 18H
- ÔNIBUS E ESTACIONAMENTO NAS PROXIMIDADES
- ACESSÍVEL A DEFICIENTES FÍSICOS
- MONITORIA PARA GRUPOS E ESCOLAS
- BIBLIOTECA MULTIMÍDIA DA FUNDAÇÃO ARMANDO ÁLVARES PENTEADO

passagem para a abstração informalista*, geométricos*, primitivos* e a retomada da pintura no fim do século XX.

Destacam-se obras de Lasar Segall, Anita Malfatti, Di Cavalcanti, Tarsila do Amaral, Cândido Portinari, José Pancetti, Flávio de Carvalho, Cícero Dias, Ismael Nery, Alberto da Veiga Guignard, Noêmia Mourão, Victor Brecheret, entre tantos outros expoentes. Na frente do prédio da Fundação há um jardim, onde estão expostas esculturas de Nicolas Vlavianos, Bruno Giorgi e Amilcar de Castro, dentre outros.

Museu de Arte Contemporânea

Criado em 1963, quando Francisco Matarazzo Sobrinho doou à Universidade de São Paulo o acervo que constituía originalmente o Museu de Arte Moderna e a coleção particular sua e de sua esposa, Yolanda Penteado. Conhecido pelo seu dinamismo, foi também um dos fundadores do Teatro Brasileiro de Comédia e presidente das memoráveis comemorações do IV Centenário de São Paulo.

A sede do MAC na Cidade Universitária funciona desde 1975.

Nos anos 40, logo após a segunda Grande Guerra, foram doadas dez obras de importantes artistas, dentre os quais Aleksander Calder, André Masson, Max Ernst, Fernand Léger, George Grosz, Marc Chagall, núcleo inicial do acervo, o primeiro especializado em arte do século XX, criado na América Latina. Também a experiência artística brasileira está bem representada. Obras

INFO

- UNIVERSIDADE DE SÃO PAULO
MAC-USP
SEDE: R. DA REITORIA, 160
05508-900 - CIDADE UNIVERSITÁRIA
TEL: 3818-3028 / FAX: 3812-0218
www.usp.br/mac
- VISITAÇÃO: SEGUNDA A SEXTA-FEIRA, DAS 10H ÀS 19H
SÁBADO, DAS 10H ÀS 14H
- ÔNIBUS E FÁCIL. ESTACIONAMENTO NAS PROXIMIDADES
- ACESSO E ATENDIMENTO A DEFICIENTES FÍSICOS
- BIBLIOTECA
- RESTAURANTE E SERVIÇO DE BAR
- LOJA

- MAC IBIRAPUERA
PARQUE DO IBIRAPUERA,
PAVILHÃO DA BIENAL, PORTÃO 3,
3º PISO - 04094-000
IBIRAPUERA
TEL: 5573-9932 / FAX: 3572-5546
- VISITAÇÃO: TERÇA-FEIRA A DOMINGO, DAS 12H ÀS 18H
- ÔNIBUS E ESTACIONAMENTO NAS PROXIMIDADES. INGRESSO DE ÔNIBUS DEVE SER SOLICITADO
- ACESSO E ATENDIMENTO A DEFICIENTES FÍSICOS
- VISITAS GUIADAS PARA GRUPOS E ESCOLAS. É NECESSÁRIO AGENDAMENTO PRÉVIO
- BIBLIOTECA E COLEÇÃO DE DIAPOSITIVOS
- AUDITÓRIO PARA CURSOS, PALESTRAS
- LOJA

de Lygia Clark, Waldemar Cordeiro, Hélio Oiticica, Abraham Palatnik, Tarsila do Amaral, Wega Nery e tantos outros.

A Bienal de São Paulo muito contribuiu para a formação deste acervo, transferindo para ele obras premiadas em suas primeiras edições. Um dos exemplos é a "Unidade Tripartida", de Max Bill. Doações de coleções particulares, como as de Theon Spanudis, Yolanda Mohalyi e Pola Rezende, assim como as realizadas por artistas, enriqueceram seu acervo, que hoje possui mais de 8.000 obras, entre pinturas, desenhos, gravuras, esculturas, objetos e trabalhos conceituais.

Possui Biblioteca e Centro de Documentação especializados em artes plásticas do século XX – cerca de 5.000 livros, 30.000 catálogos, 120 títulos de periódicos e jornais, além de uma hemeroteca e 19.000 slides à disposição do público. Oferece ateliês voltados para a terceira idade e para crianças, como também cursos de arte, história da arte, conferências, palestras e exibição de vídeos.

No MAC-USP predominam exposições do acervo e no MAC Ibirapuera, exposições temporárias. O Gabinete de Papel no MAC-USP que integra o Laboratório de Papel à Reserva Técnica de Papel permite aos visitantes apreciar e pesquisar séries completas de artistas. As sedes do MAC encontram-se em locais tranqüilos, arborizados e culturalmente importantes.

Museu de Arte Mágica, Ilusionismo e Prestidigitação João Peixoto dos Santos

IPIRANGA*

Fotos, cartazes, livros, revistas, jornais e objetos usados na arte mágica e no ilusionismo.

INFO

- RUA SILVA BUENO, 519, CONJ. 42
  04208-050
  TEL: 6161-2200
- VISITAÇÃO: SEGUNDA A SEXTA-FEIRA, DAS 9 ÀS 12H
- ÔNIBUS E ESTACIONAMENTO NAS PROXIMIDADES

Museu de Arte Moderna de São Paulo

Fundado em 1948 por Francisco Matarazzo Sobrinho e colaboradores, dentre eles o crítico de arte Léon Degand. Inicialmente, a coleção se destacava pelo conjunto de obras modernas e abstratas da vanguarda artística européia. Sua primeira sede estava na Rua Sete de Abril, 230, no mesmo andar onde se encontrava o MASP. Francisco Matarazzo também foi o fundador das antigas Bienais do MAM que deram origem à atual Bienal Internacional. A primeira Bienal data de 1951 e sua importância crescente vem desde então projetando o Brasil no cenário mundial das artes.

Em 1963, o acervo do Museu de Arte Moderna foi doado à Universidade de São Paulo, vindo mais tarde a constituir o Museu de Arte Contemporânea. Alguns diretores do MAM logo iniciam uma luta não só para reaver as obras doadas à USP mas também

INFO

- PARQUE IBIRAPUERA, PORTÃO 3 (AO LADO DA BIENAL) 04094-000
  TEL: 5549-9688
  TEL/FAX: 5573-4161
  www.mam.org.br
  biblio@mam.org.br
- VISITAÇÃO: TERÇA, QUARTA E SEXTA-FEIRA, DAS 12H ÀS 18H; QUINTA-FEIRA, DAS 12H ÀS 22H; SÁBADO E DOMINGO, DAS 10H ÀS 18H
- ENTRADA PELO PORTÃO 3, PARQUE IBIRAPUERA. ÔNIBUS NAS PROXIMIDADES
- FÁCIL ESTACIONAMENTO PARA AUTOMÓVEIS. SOLICITAR AUTORIZAÇÃO PARA INGRESSO DE ÔNIBUS
- ENTRADA GRATUITA PARA MAIORES DE 60 ANOS E MENORES DE 10
- ACESSO E ATENDIMENTO A DEFICIENTES FÍSICOS
- LOJA
- RESTAURANTE E SERVIÇO DE BAR COM BELA VISTA PARA O JARDIM DAS ESCULTURAS
- MONITORIA PARA GRUPOS E ESCOLAS

para manter o nome Museu de Arte Moderna. Esta luta termina com a doação da coleção Carlo Tamagni, em 1967, que passou a formar o núcleo inicial da atual coleção, que cresce a cada ano por meio de doações e aquisições.

O MAM se localiza há trinta anos sob a marquise projetada por Oscar Niemeyer, no Parque Ibirapuera, local ocupado pelo Pavilhão Bahia durante a 5ª Bienal Internacional. Em 1968, o Pavilhão foi reformado por Giancarlo Palanti, criando-se condições museográficas para que o MAM fosse aí instalado. Em 1982, o Museu passou por uma nova reforma segundo projeto da arquiteta Lina Bo Bardi. Em 1993, foi criado o jardim das esculturas e um novo projeto deu condições de armazenagem e recuperação de seu acervo. Em 1996, uma nova reforma modernizou tecnicamente o MAM, realizou o projeto do auditório e reformulou a biblioteca, além de outras melhorias.

O Museu tem se destacado pela realização de exposições temporárias e retrospectivas de artistas nacionais e internacionais. Paralelamente, na sala Paulo Figueiredo, há mostras do acervo, vasta coleção de arte contemporânea e moderna. Merecem destaque Tarsila do Amaral, Anita Malfatti, Flávio de Carvalho, Brecheret, Di Cavalcanti, Lívio Abramo, Alfredo Volpi, Francisco Rebolo dentre outros. Desde 1969 realiza-se anualmente uma exposição chamada Panorama da Arte Brasileira,

INFO

- **MAM HIGIENÓPOLIS**
  INAUGURADO EM OUTUBRO DE 1999
  AV. HIGIENÓPOLIS, 698
  01238-001 - SÃO PAULO
  TEL: 3662-5052 E 3662-5328
- CURSOS VARIADOS, LOJA E MOSTRAS TEMPORÁRIAS

- **MAM PAULISTA**
  SHOPPING PAULISTA
  INAUGURADO EM JUNHO DE 1999
  R. 13 DE MAIO, 1947
  01361-900 - PARAÍSO
  TEL: 253-7447
- FUNCIONA COMO UMA LOJA DO MUSEU

- **MAM VILLA LOBOS**
  SHOPPING VILLA LOBOS.
  INAUGURADO EM MAIO DE 2000 AV. DAS NAÇÕES UNIDAS, 4777, 3º PISO - 05477-000 - LAPA
  TEL: 3024-4242
- LOJA E MOSTRAS TEMPORÁRIAS

- **MAM NESTLÉ**
  INAUGURADO EM MAIO DE 2000
  AV. ENGENHEIRO LUIS CARLOS BERRINI, 1376, TÉRREO
  04094-000 - BROOKLIN
  TEL: 5085-1300
- MOSTRAS TEMPORÁRIAS

que apresenta o que há de mais contemporâneo nas artes visuais no Brasil. Até hoje os Panoramas apresentaram aproximadamente 800 artistas de todo o país e premiaram mais de 75. Há no acervo do MAM mais de 145 obras adquiridas por prêmios aquisitivos e doações de artistas que participaram dos Panoramas.

Uma visita ao Museu de Arte Moderna não pode prescindir da apreciação do parque Ibirapuera, de sua extensa marquise ou de um passeio pelas suas alamedas, tão frequentadas. Merecido destaque deve ser dado ao conjunto arquitetônico projetado por Oscar Niemeyer e equipe.

O MAM também conta com a biblioteca multimídia ***Paulo Mendes de Almeida***, especializada em arte moderna e contemporânea (35.000 títulos, entre livros, slides, vídeos e cd-rom, revistas e catálogos, o Centro de Estudos ***Luís Martins***, com acervo riquíssimo, composto de correspondências, crônicas, fotografias, manuscritos, revistas e livros raros e o Arquivo ***Moussia Pinto Alves*** (pintora e escultora modernista).

No auditório Lina Bo Bardi, palestras e ciclos de cinema. O MAM conta com o departamento de Ação Educativa que orienta professores, alunos visitantes e o público em geral por meio de cursos de pintura e história da arte, entre outros temas.

Museu de Arte Sacra de São Paulo

LUZ

Instalado na área esquerda térrea do Mosteiro da Imaculada Conceição da Luz, é um valioso testemunho histórico, religioso, arquitetônico e artístico do nosso passado. Foi oficialmente fundado a 2 de fevereiro de 1774, dia de Nossa Senhora da Candelária, das Candeias, ou da Luz. Exemplo vivo da arquitetura colonial, levantado em taipa de pilão*, um dos raros exemplos de planta octogonal, possui celas de clausura, dependências de serviço, refeitório, enfermaria e bela igreja. A tradição arquitetônica faz-se sentir principalmente pela galiléia*, provida de três arcos de pedra. Belos interiores, pátios ajardinados, espessas paredes, é em grande parte ocupado até hoje pelas religiosas concepcionistas.

O Museu, inaugurado a 29 de junho de 1970, abriga o acervo do primeiro Museu de Arte Sacra do Brasil. Reúne

INFO

- AV. TIRADENTES, 676
  01102-000
  TEL: 3326-3336 / 3326-1373
  museu@artesacra.com.br
  www.artesacra.com.br
- VISITAÇÃO: TERÇA A SEXTA-FEIRA, DAS 13H ÀS 17H
  SÁBADO E DOMINGO, DAS 10H ÀS 19H
- METRÔ TIRADENTES. ÔNIBUS NAS PROXIMIDADES
- ACESSÍVEL A DEFICIENTES FÍSICOS
- ESTACIONAMENTO PARA AUTOMÓVEIS (ENTRADA PELA RUA DR. JORGE MIRANDA, 43)
- ÔNIBUS DE EXCURSÕES PODERÃO ESTACIONAR NAS PROXIMIDADES
- VISITAS INDIVIDUAIS OU EM GRUPO PODEM SER MONITORADAS (AGENDAR COM ANTECEDÊNCIA)
- LOJA
- BIBLIOTECA
- GRANDE JARDIM COM FLORES E ÁRVORES

valiosíssima coleção de objetos sacros tanto de São Paulo como de outras regiões do Brasil. Aproximadamente mais de 11.000 peças, destacando-se: imagens, móveis, ourivesaria, paramentos, fragmentos de talha, livros raros e alfaias, além de pinturas de grandes mestres dos séculos XVIII, XIX (Frei Agostinho da Piedade, Frei Agostinho de Jesus, Mestre Valentim, Frei Jesuíno de Monte Carmelo, Antônio Francisco Lisboa, o Aleijadinho) e autores contemporâneos (Benedito Calixto, Anita Malfatti, José Antônio da Silva, Samson Flexor e Aldo Bonadei). Deve-se ressaltar a segunda maior coleção de lampadários do mundo, somente ultrapassada pela do Vaticano.

São admiráveis a coleção de imaginária* popular, as chamadas "paulistinhas"* e os santos em nó de pinho.

O roteiro da visita compreende: 1) Sala de entrada (vestíbulo); 2) Corredor de entrada; 3) Corredor de Mestres beneditinos; 4) Corredor da Imaginária Paulista; 5) Sala Capitular; 6) Claustro; 7) Sala Cofre (ourivesaria); 8) Sala da Prata; 9) Corredor do Claustro Doméstico; 10) Sala Episcopal; 11) Corredor dos fragmentos ou talha sacra II; 14) Sala do mobiliário da sacristia; 15) Corredor das Exposições temporárias; 16) Sala "Cemitério abacial"; 17) Sala da Técnica construtiva; 18) Sala "Benedito Calixto de Jesus"; 19) Capela.

A 18 de dezembro de 1999, na antiga residência do Capelão do Mosteiro, construída em 1908, foi inaugurado um novo espaço, que compreende, no subsolo, a exposição de alguns presépios, maquetes e fotografias do presépio napolitano em fase de restauro. No pavimento térreo encontra-se o Presépio Napolitano, do século XVIII, composto de 1.620 peças, através das quais toda uma época da vida cotidiana ou religiosa de Nápoles do século XVII é retratada. É um espetáculo barroco, com extrema variedade e riqueza de detalhes, trazido da Europa por Francisco (Ciccillo) Matarazzo Sobrinho, em 1949. Este presépio ficou guardado durante vários anos e finalmente encontrou o local ideal para encantar o público.

Museu de Arte de São Paulo Assis Chateaubriand

CERQUEIRA CÉSAR

Nascido do encontro de dois homens arrojados, obstinados e idealistas: Assis Chateaubriand, fundador dos Diários Associados, e Pietro Maria Bardi, jornalista e crítico de arte. Ambos acreditaram que São Paulo deveria ser a sede deste que seria o mais importante museu de arte da América do Sul.

Inaugurado em 1947 no 2º andar do Edifício dos Diários Associados, na Rua Sete de Abril, 230, projeto do arquiteto francês Jacques Pillon e adaptação interna de Lina Bo Bardi, já promovia cursos e expunha seu acervo em crescente formação, o que dentro em breve exigiria nova sede. O atual prédio, inaugurado a 11 de novembro de 1968, foi projetado por Lina Bo Bardi, respeitando a exigência imposta pelo urbanista uruguaio Joaquim Eugênio de Lima, responsável pela abertura da Avenida Paulista em 1891, de preservar a vista que naquela época alcançava o Viaduto do Chá. É por esta razão que o edifício flutua sobre colunas com um vão livre de 74 metros de extensão e 8 de altura. Possui dois níveis, um elevado e outro subterrâneo, ambos com dois andares. O térreo corresponde ao já citado vão livre, projetado inicialmente para ser uma praça com brinquedos para crianças e jardins. Há algum tempo é ocupado aos domingos por uma feira de antigüidades.

No nível subterrâneo encontram-se os dois auditórios, um espaço livre para a realização de exposições temporárias,

INFO

- AV. PAULISTA, 1578
  01302-200
  TEL: 251-5644 RM. 213
  FAX: 284-0574
  arte@masp.com.br
  www.masp.arte.br
- VISITAÇÃO: TERÇA-FEIRA A DOMINGO, DAS 11H ÀS 18H
- METRÔ TRIANON. ÔNIBUS NAS PROXIMIDADES
- ACESSÍVEL A DEFICIENTES FÍSICOS
- MONITORIA PARA GRUPOS E ESCOLAS. AGENDAMENTO DE TERÇA A SEXTA-FEIRA, DAS 9H ÀS 17H
- BIBLIOTECA
- LOJA
- CAFÉ E RESTAURANTE

biblioteca (com mais de 30.000 volumes), loja, oficina e restaurante.

No nível elevado encontram-se a administração, os setores de restauração, o arquivo técnico, o depósito de peças. Quanto a cursos e palestras, o MASP foi um centro formador e irradiador de idéias e de grandes profissionais. Atualmente, a Escola do MASP promove cursos variados, predominando os que versam sobre arte, música popular e erudita e cinema.

No segundo andar, exposição permanente do seu excepcional acervo, formado por mais de 5.000 obras. Importantes períodos da história da arte estão representados: peças arqueológicas, Grécia antiga, arte Bizantina, Renascimento, Barroco e Modernismo, oferecendo um extraordinário passeio por oito séculos de história representados por Mestre do Bigallo, Giovanni Bellini, Hieronymus Bosch, Lucas Cranach, Hans Holbein, Rafael, Tiziano, Diego Velázquez, El Greco, Rembrandt, Chardin, Goya, Turner, Cézanne, Degas, Van Gogh, Renoir, Matisse, Picasso, Rivera, Toulouse-Lautrec, Modigliani, Lasar Segall, Portinari, Di Cavalcanti, Andy Warhol, Duchamp, Calder, Dalí, e até uma série de objetos *kitsch**.

Museu da Associação dos Funcionários Públicos do Estado de São Paulo

Situado numa região privilegiada, merece ser visitado. Seu acervo é composto por uma locomotiva a lenha, com engate de vagão misto de primeira e segunda classes; um bonde "Camarão", da antiga Light and Power; um automóvel de 1938, popularmente apelidado "Romana", com rodas de raios de aço como as de uma bicicleta; um trólei de quatro rodas e varal, puxado a cavalo, com espaço para quatro passageiros e um condutor; um avião que serviu na segunda guerra mundial; vários objetos e armas usados pelos soldados constitucionalistas de 1932, ao lado de dezenas de fotos, bandeiras, materiais variados coletados em combates, além de livros e recortes.

INFO

- AV. DOS FUNCIONÁRIOS PÚBLICOS, 2051
  04962-000
  TEL: 5517-0738
- VISITAÇÃO: SÁBADO, DOMINGO E FERIADO, DAS 14H ÀS 16H
- ÔNIBUS E ESTACIONAMENTO NAS PROXIMIDADES
- GRUPOS SÃO RECEBIDOS MEDIANTE AGENDAMENTO
- ACESSÍVEL A DEFICIENTES FÍSICOS

Museu do Automóvel

Quase todo dedicado ao automobilismo como o seu próprio nome indica, possui um grande acervo.

Dele fazem parte 60 automóveis, dos quais 45 em exposição fixa e 15 que são substituídos mensalmente. Há também bicicletas, motos, fotografias, revistas, livros e objetos, ligados a esses meios de transporte.

INFO

- RUA 1822, 1472
  04216-001
  TEL: 274-1687 / 274-6168
  274-1900
  www.museudoautomovel.com.br
- VISITAÇÃO: TERÇA A SEXTA-FEIRA, DAS 9H ÀS 17H
  SÁBADO E DOMINGO, DAS 10H ÀS 18H
- ÔNIBUS E ESTACIONAMENTO NAS PROXIMIDADES
- ACESSÍVEL A DEFICIENTES FÍSICOS
- MONITORIA DEVE SER AGENDADA
- LOJA

Museus de Bairro

De alguns anos para cá, vários museus itinerantes estão sendo criados pela Secretaria de Estado da Cultura de São Paulo. Iniciativa das mais louváveis, visam preservar a memória da cidade de São Paulo. Depoimentos e documentos são recolhidos pelas equipes de pesquisa e após uma seleção são apresentados em exposições abertas ao público. Além de resgatar a história dos bairros, incentivam a população a se reunir em torno da preservação e conscientização dos fatos relacionados à formação dos bairros, chamando a atenção não apenas para o passado mas também para o presente, colaborando para que as pessoas possam mostrar seu carinho pela cidade, despertando nelas um sentido maior de preservação do espaço público.

Museus de Bairros já foram implantados no Cambuci*, na Freguesia do Ó, em Pinheiros, Santana, Mooca*, etc. Estas exposições se fixam em algum local, durante um certo tempo, e depois percorrem várias escolas.

Tomando como exemplo o Núcleo Museológico da Mooca*, poderemos entender o que são estes museus. Seu acervo é composto de fotos, documentos originais do século passado, instrumentos musicais do início do século, ferramentas de marcenaria do primeiro morador do Largo São Raphael, painéis da São Paulo antiga, uma pinadeira* Leesona de 1930, doada pela indústria de tapetes Bandeirantes, e objetos de valor do bairro.

Museu do Banco do Estado de São Paulo

Instalado no 5º andar do antigo Edifício Matarazzo (hoje Edifício Patriarca), construído em 1939 para abrigar a sede das Indústrias Reunidas Francisco Matarazzo. Este edifício, assim como o Altino Arantes, está tombado pelo Patrimônio Histórico da Prefeitura de São Paulo. O projeto é de autoria da Construtora Severo e Villares, com revisão dos arquitetos italianos Marcelo Piacentini e Vittório Morpurgo. Além de sua arquitetura histórica, foi decorado com acabamentos nobres, como o mármore travertino* trazido de Livorno, um mosaico veneziano representando as Indústrias Matarazzo no Brasil, de G. Rosso, e realizado pelo "Studio Mosaici-Padova-Venezia" e o grande painel "Batalha da Produção", de Arlino Castellani de Carli. Uma das salas do edifício, aberta a visitações, reproduz a sala de reuniões do Banco São Paulo no final do século XIX. No 14º andar, o edifício é coroado pelo belíssimo Jardim Walter Galera, destaque entre os demais, na histórica região do Vale do Anhangabaú*, de onde se tem uma ampla e bela vista da cidade.

O acervo é formado por 2.628 peças, 17.000 documentos que pertencem ao seu arquivo histórico, 7.500 fotografias documentais e aproximadamente 25.000 negativos de seu arquivo fotográfico. A Galeria Banespa possui obras de artistas como Di Cavalcanti, Tomie Ohtake, Calabrone, Francisco Stockler e Manabu Mabe. A biblioteca possui mais de 36.000 volumes (direito, economia, finanças, arquitetura, artes, etc.).

INFO

- R. DR. FALCÃO FILHO, 56
  5º ANDAR – 01007-010
  TEL: 3248-1135
  FAX: 3248-1056
- VISITAÇÃO: SEGUNDA A SEXTA-FEIRA, DAS 10H ÀS 17H
- METRÔ ANHANGABAÚ*
  ÔNIBUS E ESTACIONAMENTO NAS PROXIMIDADES
- ATENDIMENTO E ACESSO A DEFICIENTES FÍSICOS
- SERVIÇO DE MONITORIA PARA GRUPOS E ESCOLAS
- BIBLIOTECA E ARQUIVO HISTÓRICO

Museu Botânico Dr. João Barbosa Rodrigues

Inaugurado a 15 de março de 1942, recebeu este nome em homenagem ao centenário do nascimento do grande botânico brasileiro que estudou a nossa flora.

Possui as seguintes áreas físicas: reserva do Parque Estadual das Fontes do Ipiranga*, Jardim Botânico de São Paulo, Reserva Biológica de Paranapiacaba*, Reserva Biológica de Mogi-Guaçu*; e os laboratórios de ficologia, fitoquímica, micologia, orquídeas, plantas ornamentais, sementes, taxonomia.

Possui três grandes coleções: herbário do Estado Maria Eneyda P. Kauffmann Fidalgo, Orquidário do Estado e Jardim Botânico de São Paulo.

Em seu museu há exsicatas* dos ecossistemas do Estado, coleção de extratos vegetais, fibras, óleos, madeiras, sementes, fungos, algas e fotografias. Biblioteca com cerca de 6.626 livros, 333 teses e mais de 2.000 títulos de periódicos. Desenvolve diversas atvidades: venda de plantas ornamentais, sementes, publicações tecnocientíficas, cursos, estágios, orientação em teses e dissertações, e assessoria a instituições similares e à comunidade.

INFO

- JARDIM BOTÂNICO
  AV. MIGUEL STÉFANO, 3031/3.687
  04301-902
  TEL: 5584-6300 RM. 229
  FAX: 5577-3678
- VISITAÇÃO: SEDE DO INSTITUTO SEGUNDA A SEXTA-FEIRA, DAS 8H30 ÀS 17H30
- JARDIM BOTÂNICO: QUARTA-FEIRA A DOMINGO, DAS 9H ÀS 17H
- METRÔ SÃO JUDAS
  ÔNIBUS E ESTACIONAMENTO NAS PROXIMIDADES
- ACESSO A DEFICIENTES FÍSICOS

Museu Brasileiro da Escultura – MUBE

Criado numa área de 7.000 m^2, ao lado do Museu da Imagem e do Som, o prédio, concluído em maio de 1995, é de autoria do arquiteto Paulo Mendes da Rocha e o projeto paisagístico é de Roberto Burle Marx. Um dos maiores destaques deste museu é sua própria arquitetura, uma sucessão vertical de planos horizontais, uns semi-enterrados e outro no nível da rua, o que confere profundidade à superfície do lote urbano. Uma grande viga protendida de 60 m de vão livre o limita. A arquitetura do Museu, além de dialogar com seu entorno, favorece as exposições de obras no seu interior ou no exterior.

Não possui acervo, com exceção de duas esculturas de Victor Brecheret. Destacam-se, além dos importantes concertos dominicais, as exposições temporárias e variados cursos (pintura, escultura, desenho e história da arte).

INFO

- AV. EUROPA, 218 – 01448-000
  TEL/ FAX: 3081-8611
  ENTRADA: RUA ALEMANHA, 221
  www.mube.art.br
- VISITAÇÃO: TERÇA A SEXTA-FEIRA, DAS 10H ÀS 19H
  ABERTO NOS FINS DE SEMANA QUANDO HÁ EXPOSIÇÕES
- ÔNIBUS NAS PROXIMIDADES.
  ESTACIONAMENTO FÁCIL PARA AUTOMÓVEIS E ÔNIBUS
- ACESSO A DEFICIENTES FÍSICOS
- MONITORIA DEVE SER AGENDADA
- LOJA
- CAFÉ E RESTAURANTE

Museu da Caixa Econômica Federal

No centro da cidade, na Praça da Sé, está localizado o Edifício Sé, sede da Caixa Econômica Federal e também importante ponto cultural. Nele encontram-se um Conjunto Cultural, que promove exposições temporárias de artes visuais, e um Museu, com um acervo que conta a história da Caixa Econômica e da própria economia da cidade, mais de 40 anos de história (1930 a 1970), com alguns registros de documentos do final do século XIX. Fazem parte do Museu: a antiga Sala do Conselho; um painel fotográfico datado de 1925; o mais antigo livro de Atas da Caixa, de 1875; utensílios do Serviço Médico; Sala das Máquinas; o antigo Sistema de Loterias (instalado em 1784 e que em 1962 passou a ser administrado pela Caixa) e a Sala da Presidência, com diversos objetos ligados à evolução histórica da Instituição.

No final da década de 90, após a realização da exposição "Saudade da MPB", que expôs várias peças do Museu Carmen Miranda do Rio de Janeiro, o Museu da Caixa Econômica Federal passou a abrigá-lo, com fotos, documentos, cartazes de época, objetos de uso pessoal, roupas, jóias, quadros retratando Carmen Miranda, além de filmes e vídeos que são projetados aos visitantes.

Além dos museus, o Edifício Sé também merece destaque. Construído há mais de 60 anos pelos engenheiros Albuquerque e Longo, é um dos bons exemplos de arquitetura *art-déco** em São Paulo. Com acabamentos

INFO

- PRAÇA DA SÉ, 111 – 3º ANDAR
  01001-000
  TEL: 3258-2122 FAX: 239-1164
  gimaisp@caixa.gov
- VISITAÇÃO: SEGUNDA A SEXTA-FEIRA, DAS 10H ÀS 16H
- METRÔ SÉ. ÔNIBUS NAS PROXIMIDADES. ESTACIONAMENTO GRATUITO NO PÁTIO DO COLÉGIO
- ACESSÍVEL A DEFICIENTES FÍSICOS
- MONITORIA PARA GRUPOS E ESCOLAS PODEM SER AGENDADAS PELO TELEFONE 3107-0498 OU PELO ENDEREÇO ELETRÔNICO imaisp@sti.com.br

realizados pelo alunos do Liceu de Artes e Ofícios, o edifício exibe em sua entrada belas colunas negras que contrastam com as escadarias em mármore. Internamente, o edifício ostenta um enorme vitral, concebido por Vitor Brecheret e executado pelo vitralista Zucca, que exalta o progresso e o trabalho.

O Conjunto Cultural da Caixa estende-se à Avenida Paulista, 1842, onde são realizadas mostras ao ar livre e no térreo da Galeria do Conjunto Nacional, na Avenida Paulista, 2093.

Museu Carmen Miranda

No final da década de 90, após a realização da exposição "Saudade da MPB", que expôs várias peças do Museu Carmen Miranda do Rio de Janeiro, o Museu da Caixa Econômica Federal passou a abrigar fotos, documentos, cartazes de época, objetos de uso pessoal, roupas, jóias e quadros retratando Carmen Miranda, além de filmes e vídeos que são projetados aos visitantes.

INFO

- VER MUSEU DA CAIXA ECONÔMICA FEDERAL
PRAÇA DA SÉ, 111 – 3º ANDAR
01001-000
TEL: 3258-2122 FAX: 239-1164
gimaisp@caixa.gov
- VISITAÇÃO: SEGUNDA A SEXTA-FEIRA, DAS 10H ÀS 16H
SÁBADOS E DOMINGOS, FICA ABERTO À VISITAÇÃO OUTRO ESPAÇO MUSEOLÓGICO NO CONJUNTO NACIONAL
- METRÔ SÉ. ÔNIBUS NAS PROXIMIDADES
- ESTACIONAMENTO GRATUITO NO PÁTIO DO COLÉGIO
- ESPAÇO MUSEOLÓGICO NO CONJUNTO NACIONAL
- ACESSO A DEFICIENTES FÍSICOS
- MONITORIA PARA GRUPOS E ESCOLAS PODE SER AGENDADA PELO TELEFONE 3107-0498 OU PELO ENDEREÇO ELETRÔNICO gimaisp@sti.com.br

Museu da Casa Brasileira

Instalado no Solar Fábio Prado, edificação da década de 40, neoclássica, de autoria de Wladimir Alves de Souza, inspirada no Palácio Imperial de Petrópolis, com influências do arquiteto veneziano do século XVI, Andrea Palladio. Situa-se numa área de 6.000 m^2 de vegetação tropical.

Em 1968, o Solar Fábio Prado foi transformado numa instituição cultural, sendo seu espaço doado à Fundação Padre Anchieta que, em comodato com o Governo do Estado de São Paulo, criou o Museu da Casa Brasileira. O acervo original, que pertenceu à família Prado, instalado em 1996, compreende o mobiliário usado no Brasil durante os séculos XVII, XVIII e XIX, além de louças, peças litúrgicas, castiçais, tapeçarias, relógios dos séculos XVIII e XIX. Entre as peças mais antigas destacam-se uma Madona francesa, esculpida em pedra, do século XIV, um aparelho de jantar francês que pertenceu ao Barão de Paramirim*, presenteado por D.Pedro I; um faqueiro francês de Vermeil*, que pertenceu à Marquesa de Santos, um móvel de múltiplo uso, adaptável às necessidades de povos nômades (artistas de circo, ciganos), que pode ser usado como cama, penteadeira e escrivaninha, além de peças mais modernas, como uma cadeira Thonet (1890), uma cadeira John Graz (1940), entre outras. São, aproximadamente, 1.200 peças de mobiliário e 150 utensílios domésticos.

Promove anualmente o Prêmio *Design* Museu da Casa Brasileira, o Concurso de Cartazes (para a divulgação do Prêmio *Design*) e o Prêmio Jovens Arquitetos.

INFO

- AV. BRIGADEIRO FARIA LIMA, 705
  01452-000
  TEL: 3032-2564
  TEL/FAX: 3032-2499
  mcb@arquitetura.com.br
  www.arquitetura.com.br/mcb
- VISITAÇÃO: TERÇA-FEIRA A DOMINGO, DAS 13H ÀS 18H
- ÔNIBUS E ESTACIONAMENTO NAS PROXIMIDADES
- ACESSÍVEL A DEFICIENTES FÍSICOS
- MONITORIA PARA GRUPOS E ESCOLAS
- BIBLIOTECA
- SERVIÇO DE BAR E RESTAURANTE

Museu Casa Guilherme de Almeida

A antiga residência do ilustre poeta Guilherme de Almeida Prado foi transformada em museu biográfico. A casa foi projetada pelo arquiteto Silvio Jaguaribe Eckmann, em 1945. Além de visitar as antigas instalações, o público tem acesso a um valioso acervo legado pelo poeta à comunidade. Entre os importantes documentos da coleção está uma dedicatória de Mário de Andrade a Guilherme de Almeida, presente no livro "Paulicéia Desvairada", uma escultura de Brecheret e quadros de autores diversos, Anita Malfatti, Samson Flexor, Di Cavalcanti e Lasar Segall. O museu dispõe de material audiovisual sobre a vida e a obra de Guilherme de Almeida e ainda livros e revistas que podem ser consultados.

INFO

- R. MACAPÁ, 187
  01251-080
  TEL: 3673-1883
- VISITAÇÃO: SEGUNDA A SEXTA-FEIRA, DAS 10H ÀS 18H
- ÔNIBUS E ESTACIONAMENTO NAS PROXIMIDADES
- MONITORIA PARA GRUPOS E ESCOLAS. VISITAS DEVEM SER AGENDADAS

Museu Ceroplástico Augusto Esteves

CERQUEIRA CÉSAR

Este museu tem por objetivo divulgar o trabalho didático de Augusto Esteves, funcionário da FM-USP. Encontra-se num edifício tombado pelo CONDEPHAAT* em 1981. Seu acervo é formado por peças, moldadas em cera, representando doenças dermatológicas, cedidas pelo Prof. João de Aguiar Pupo e ordenadas pelo Prof. Carlos da Silva Lacaz.

Realiza exposições de longa duração e possui um vídeo de explicação das peças para ser usado em faculdades e no ensino médio. Sua biblioteca não é acessível ao público em geral.

INFO

- UNIVERSIDADE DE SÃO PAULO
AV. DR. ARNALDO, 455, 4º AND.
01246-903
TEL: 3066-7249
FAX: 3085-4352
- VISITAÇÃO: INFORMAR-SE POR TELEFONE
- METRÔ CLÍNICAS. ÔNIBUS E ESTACIONAMENTO NAS PROXIMIDADES

Museu da Cidade

Sediado no histórico Solar da Marquesa de Santos, faz parte da Divisão de Iconografia e Museus do Departamento de Patrimônio Histórico. Engloba as Casas Históricas: Solar da Marquesa de Santos, Casa do Bandeirante, Casa do Sertanista, Casa do Tatuapé*, Casa do Grito, Monumento da Independência, Capela Imperial, Capela do Morumbi e o Museu do Theatro Municipal.

Fazem parte de seu acervo coleções de mobiliário, utensílios de serviço doméstico, equipamentos de trabalho, imagens e máquinas fotográficas, programas e documentos do Theatro Municipal e peças de etnologia brasileira.

Este museu realiza exposições sobre a cidade e seus habitantes, desenvolve atividades voltadas à terceira idade, além de possuir um serviço educativo, voltado ao atendimento de 1º e 2º graus, e um serviço de monitoria.

INFO

- RUA ROBERTO SIMONSEN, 136-B
  PÁTIO DO COLÉGIO
  01027-020
  TEL: 3106-2218
- VISITAÇÃO:
  TERÇA-FEIRA A DOMINGO,
  DAS 9H ÀS 17H
- METRÔ SÉ.
  ÔNIBUS NAS PROXIMIDADES
- ACESSÍVEL A DEFICIENTES FÍSICOS

Museu de Ciências e Planetário

A Escola Municipal de Astrofísica promove cursos sobre história da astronomia, astronomia esférica, astronomia geral, movimentos da terra, sistema solar e outros assuntos congêneres.

Ao lado desta escola encontra-se o Planetário, cujo acervo é composto por modelos, maquetes e aparelhos, que ilustram os diversos fenômenos físicos, mecânicos e celestes e que muitas vezes podem ser manuseados pelo público visitante. Este acervo foi formado basicamente por doações do governo do Estado, de firmas nacionais e internacionais.

INFO

- PARQUE IBIRAPUERA, ENTRADA PELO PORTÃO 10 04094-000 TEL: 5575-5206 PLANETÁRIO MUNICIPAL
- VISITAÇÃO E HORÁRIOS DAS SESSÕES: A CONFIRMAR
- ESCOLA MUNICIPAL DE ASTROFÍSICA: SEGUNDA A SEXTA-FEIRA, DAS 19H ÀS 21H
- ÔNIBUS NAS PROXIMIDADES ESTACIONAMENTO PARA ÔNIBUS E AUTOMÓVEIS DURANTE OS DIAS DA SEMANA. NOS FINAIS DE SEMANA É PROIBIDO O ESTACIONAMENTO DE AUTOMÓVEIS DENTRO DO PARQUE
- ATENDIMENTO PARA GRUPOS E ESCOLAS. VISITAS MONITORADAS DEVEM SER AGENDADAS
- LANCHONETE

Museu do Clube Atlético Paulistano

Este museu encontra-se num terreno tombado pelo CONDEPHAAT*.

Seu acervo é composto por 1.500 troféus, 507 objetos de arte (quadros, esculturas e tapeçarias), uniformes, flâmulas, bandeiras, objetos pessoais, objetos da Revolução de 32, fitas de áudio, fitas de vídeo e aproximadamente 10.000 fotografias.

Possui uma pequena biblioteca e um arquivo (esporte, biografia de personalidades, recortes de publicações, cartas, cartões postais, plantas, partituras, relatórios, jornais e revistas).

Há exposições de longa e de curta duração e também exposições itinerantes.

INFO

- RUA HONDURAS, 1400
01428-800
TEL: 3088-8633
FAX: 3088-8072
memoria@clubpaulistano.com.br
- VISITAÇÃO:
SEGUNDA A SEXTA-FEIRA
DAS 8H30 ÀS 18H
- ÔNIBUS E ESTACIONAMENTO NAS PROXIMIDADES

Museu Contemporâneo das Invenções

PERDIZES *

Único na América Latina, foi fundado em 1996. Expõe um acervo formado por invenções que possuam utilidade prática e invenções excêntricas, que mostrem até onde pode chegar a imaginação. Percorre feiras e exposições de todo o país com a finalidade de incentivar a criatividade das crianças. Para tanto, o museu realiza visitas a escolas, com o objetivo de divulgação tecnológica.

INFO

- ASSOCIAÇÃO NACIONAL DOS INVENTORES
  R. DR. HOMEM DE MELLO, 1109
  05007-002
  TEL/ FAX: 3873-3211
  inventores@inventores.com.br
- VISITAÇÃO: SEGUNDA A SEXTA-FEIRA, DAS 9H ÀS 18H
- METRÔ BARRA FUNDA. ÔNIBUS E ESTACIONAMENTO NAS PROXIMIDADES
- VISITAS MONITORADAS PARA GRUPOS E ESCOLAS DEVEM SER AGENDADAS COM ANTECEDÊNCIA
- ACESSÍVEL A DEFICIENTES FÍSICOS

Museu do Crime – Academia de Polícia Dr. Coriolano Nogueira Cobra

Sua origem está nos anos 20, quando surgem a Delegacia de Técnica Policial e a primeira Escola de Polícia. Peças recolhidas iam sendo expostas nas salas de aula, como ilustração. Na década seguinte, o museu ganha seu próprio espaço, e a partir de 1952 é aberto ao público com o nome de Museu de Criminalística. Em 1984, passa a chamar-se Museu do Crime, integrando uma secção do Serviço de Apoio Técnico da Academia de Polícia Civil.

Seu acervo é constituído por fotografias diversas, documentos, instrumentos de crimes, produtos de roubos, instrumental técnico utilizado pela polícia, móveis, material humano variado, peças em gesso e representações de vítimas de homicídios ou acidentes, cenários de crimes, documentações históricas, etc.

Este museu tem caráter dinâmico, direcionado ao uso didático.

INFO

- PRAÇA PROF. REYNALDO PORCHAT, 219, 2º ANDAR - ALA 4
  05507-040
  TEL: 3813-2233 R. 266
  FAX: 3813-2623
- VISITAÇÃO:
  SEGUNDA A SEXTA-FEIRA, DAS 13H ÀS 17H30
- ÔNIBUS E ESTACIONAMENTO NAS PROXIMIDADES
- GRUPOS DEVEM AGENDAR VISITAÇÃO E MONITORAÇÃO

Museu da Cultura

PERDIZES

Inaugurado em 1992, está ligado à Faculdade de Ciências Sociais da Pontifícia Universidade Católica. Realiza exposições temporárias e possui um acervo com objetos e fotos da tribo indígena "Cinta Larga", além de vídeos das atividades da Faculdade de Ciências Sociais e catálogos de artistas de todo o país.

INFO

- FACULDADE DE CIÊNCIAS SOCIAIS
PONTIFÍCIA UNIVERSIDADE
CATÓLICA DE SÃO PAULO
R. MONTE ALEGRE, 984
(ENTRADA PELO PRÉDIO
DA REITORIA)
05014-901
TEL: 3670-8559

- VISITAÇÃO: SEGUNDA A
SEXTA-FEIRA, DAS 9 ÀS 19H
SÁBADO, DOMINGO E
FERIADO PERMANECE
FECHADO

- ÔNIBUS E ESTACIONAMENTO
NAS PROXIMIDADES

Museu da Educação e do Brinquedo

Localizado na Faculdade de Educação da USP, mostra em seu acervo as mais variadas bonecas, desde as simples bruxinhas de pano até as sofisticadas, de louça, piões de madeira, estilingues, automóveis, cavalos e muitos outros objetos que nos transportam, no tempo e no espaço, à nossa infância. Uma das atrações principais é o trem Chica-Faísca da década de 1950.

INFO

- UNIVERSIDADE DE SÃO PAULO
  AVENIDA DA UNIVERSIDADE, 308
  05508-900
  TEL: 3818-3351
- VISITAÇÃO: TERÇA A QUINTA-FEIRA, DAS 9H ÀS 12H
- ÔNIBUS E ESTACIONAMENTO NAS PROXIMIDADES
- FÁCIL ACESSO PARA DEFICIENTES FÍSICOS

Museu Espírita

LAPA

Possui objetos utilizados em sessões mediúnicas: pranchetas de psicografia, quadros mediúnicos, retratos e busto de Allan Kardec, biografias, fotografias, livros e objetos relacionados com o espiritismo.

INFO

- RUA GUARICANGA, 357/359
  05075-030
  TEL: 3834-6225
- VISITAÇÃO: QUARTA-FEIRA A SÁBADO, DAS 14H ÀS 18H
- ÔNIBUS E ESTACIONAMENTO NAS PROXIMIDADES
- ACESSÍVEL A DEFICIENTES FÍSICOS

Museu da Faculdade de Direito

O Museu desta tradicional faculdade é composto de fotos, quadros, objetos de uso pessoal, livros, revistas, prontuários, teses de ex-professores e ex-alunos ilustres que por lá passaram, tais como Rui Barbosa, Castro Alves e tantos outros juristas, poetas, escritores e homens públicos de reconhecida importância.

INFO

- UNIVERSIDADE DE SÃO PAULO
LARGO SÃO FRANCISCO, 95
1º ANDAR
01005-020
TEL: 3111-4033/4037
- VISITAÇÃO: SEGUNDA A SEXTA-FEIRA, DAS 14H ÀS 18H
- METRÔ SÉ E ANHANGABAÚ*
ÔNIBUS E ESTACIONAMENTO NAS PROXIMIDADES
- FÁCIL ACESSO PARA DEFICIENTES FÍSICOS
- LANCHONETE

Museu de Farmácia

Instalado em uma área total de 20.000 m², possui um acervo criado pelo Prof. João Haikal Helou, com peças de antigas instalações da Faculdade de Ciências Farmacêuticas e equipamentos utilizados no ensino e na pesquisa. Possui uma biblioteca (não aberta ao público em geral) e um arquivo com documentos acadêmicos e administrativos. Realiza exposições de longa e de curta duração, exposições itinerantes e empréstimo esporádico de peças.

INFO

- UNIVERSIDADE DE SÃO PAULO
  AV. PROF. LINEU PRESTES, 580
  BLOCO 13-A - 05389-900
  TEL: 3818-3674
  FAX: 211-8986
  fcf@edu.usp.br
  www.fcf.usp.br
- VISITAÇÃO: SEGUNDA A SEXTA-FEIRA, DAS 9 ÀS 18H
- ÔNIBUS E ESTACIONAMENTO NAS PROXIMIDADES

Museu Florestal Octavio Vecchi

Localizado no Parque Estadual Alberto Loefgreen, conhecido como Horto Florestal, exibe mostruário de madeiras, principalmente do Estado de São Paulo, sob diversas formas: estruturas da própria construção do prédio, móveis, pranchas, entalhes, esculturas, quadros artísticos e outros objetos de arte, peças gráficas, peças industrializadas, amostras de plantas e sementes da flora paulista, etc.

Integrado ao Instituto Florestal, com importantes atribuições ligadas à pesquisa, experimentação e desenvolvimento de técnicas silviculturais, visando principalmente a conservação, a exploração racional das diversas regiões ecológicas do Estado e a realização de investigações sobre a biologia da fauna silvestre.

O Instituto tem prestado relevantes serviços quanto à introdução de espécies arbóreas, produção de sementes, melhoramento genético florestal, hidrologia florestal, ecologia humana e muito mais. Seus diversos laboratórios, como os de Anatomia da Madeira, de Hidrologia Florestal em Área de Mata Atlântica (Município de Cunha), têm realizado pesquisas de grande importância. Outra atribuição do Instituto é manter algumas publicações ligadas à sua área, folhetos educativos, publicações avulsas e a Revista do Instituto Florestal.

O acervo possui objetos de madeira,

INFO

- PARQUE ESTADUAL ALBERTO LOEFGREEN – HORTO FLORESTAL
R. DO HORTO, 931
02377-000
TEL/FAX: 6231-8555 RM. 263
- VISITAÇÃO: TERÇA A SEXTA-FEIRA, DAS 9H ÀS 11H30 E DAS 13H30 ÀS 16H
SÁBADO, DAS 10H ÀS 13H30
FECHADO NOS DIAS DE CHUVA
- METRÔ SANTANA. ÔNIBUS E ESTACIONAMENTO NAS PROXIMIDADES
- ACESSÍVEL A DEFICIENTES FÍSICOS
- BIBLIOTECA

mobiliário antigo e amostras provenientes de construções antigas e é formado por diversas coleções: o Herbário Dom Bento Pickel (exsicatas* de espécies florestais), a Xiloteca Octávio Vecchi (amostras de madeiras), o Laminário (seções anatômicas de madeiras), o Insetário, o Acervo de Cartas Topográficas, entre outros itens.

Várias áreas físicas são gerenciadas pelo Instituto Florestal: Parques Estaduais, Estações Ecológicas, Reservas Estaduais, Estações Experimentais, Florestas Estaduais, Hortos Florestais, Viveiros Florestais.

Museu do Folclore Rossini Tavares de Lima – Casa do Sertanista*

A Casa do Sertanista* é uma construção jesuítica do século XVII, erguida pelos Bandeirantes. Suas paredes são de barro socado, a chamada taipa de pilão*. Pertence à Prefeitura desde 1958. Foi restaurada em 1970 e voltava-se a estudos de cultura indígena. Após reforma, a Casa do Sertanista* abriga, desde fevereiro de 2000, a exposição *Identidade da Cultura Popular Brasileira,* que antes ocupava um dos Pavilhões do Parque Ibirapuera. O acervo é formado em parte por objetos coletados por Mário de Andrade nas décadas de 20 e 30, sob influência do Movimento Modernista, que buscava defender as nossas raízes e formar a nacionalidade brasileira.

A proposta de recuperar o folclore do Brasil como um todo foi assumida pelo prof. Rossini Tavares de Lima, que fundou o Museu na época da comemoração dos 400 anos da cidade de São Paulo.

O acervo tem cerca de 10.000 peças das quais só uma pequena parte está exposta, por falta de espaço. Estão expostos 900 objetos, aproximadamente, inclusive as primeiras jangadas que chegaram a São Paulo vindas do Ceará, peças de cerâmica como as do pernambucano Mestre Vitalino, cestos, tecelagens, objetos utilitários, dos mais diversos materiais, figuras religiosas e curiosidades sobre medicina popular.

O Museu também promove apresentações folclóricas, congada, folia de reis e tantos outros gêneros que fazem parte da nossa rica tradição.

INFO

- PRAÇA ÊNIO BARBATO, S/N, ALTURA DO NO 2.100 DA AV. FRANCISCO MOURATO 05516-040 TEL: 3106-2218
- VISITAÇÃO: SEGUNDA A SEXTA-FEIRA, DAS 10H ÀS 19H SÁBADO, DAS 10H ÀS 14H
- ÔNIBUS NAS PROXIMIDADES. FÁCIL ESTACIONAMENTO PARA AUTOMÓVEIS E ÔNIBUS
- ACESSÍVEL A DEFICIENTES FÍSICOS
- ENTRADA GRATUITA PARA MAIORES DE 60 ANOS E MENORES DE 10
- BIBLIOTECA
- GUIAS TREINADOS BILINGÜES
- LOJA

A·SE
0 m²
.0355

Museu de Geociências

Possui um dos mais importantes acervos da América Latina, composto por cerca de 10.000 amostras, 5.000 em exposição permanente, minerais, minérios, gemas, rochas, fósseis, espeleotemas* e meteoritos*, entre os quais o Itapuranga*, o 3° maior do Brasil. Além da exposição permanente, o museu organiza e participa de exposições temáticas e temporárias em suas instalações ou em outras entidades, até mesmo no exterior.

Entre os importantes serviços prestados à comunidade estão: emissão de laudo de autenticidade, análise e informações técnicas sobre amostras para fins variados. O museu auxilia também a organização de coleções, de feiras de ciências, trabalhos de monitoria, além de, muitas vezes, ceder seu espaço para eventos ligados a Geociências.

INFO

- UNIVERSIDADE DE SÃO PAULO
RUA DO LAGO, 562
05508-900
TEL: 3818-3952
FAX: 3818-4670
mugeo@edu.usp.br
www.usp.br/ig/museu.htm
- VISITAÇÃO: SEGUNDA A SEXTA-FEIRA, DAS 8H ÀS 12H E DAS 13H ÀS 17H
- ÔNIBUS E ESTACIONAMENTO NAS PROXIMIDADES
- VISITAS EM GRUPO DEVEM SER AGENDADAS ANTECIPADAMENTE

Museu Geológico Valdemar Lefèvre – MUGEO

O museu, que pertence ao Instituto Geológico da Secretaria de Estado do Meio Ambiente, surgiu a 4 de novembro de 1967 e após alguns anos de inatividade foi reinaugurado em 1994. Originou-se da Comissão Geográfica e Geológica do Estado de São Paulo, criada em 1886 com o objetivo de realizar pesquisas e levantamentos sobre o interior de São Paulo. Esta Comissão era composta por profissionais renomados, dentre eles Teodoro Sampaio e Alberto Loefgreen.

Seu acervo reúne rochas, minerais, fósseis de animais e vegetais, equipamentos geológicos do século passado, além de fotos ("Os Rios da Comissão Geográfica e Geológica – 1886 a 1910", entre outros) e mapas. Algumas destas peças são especialmente importantes, como os fósseis de morcego e de preguiça gigante, o meteorito Avanhandava* e muitos outros que compõem coleções diversas.

Extraordinariamente, são desenvolvidas atividades direcionadas a estudantes de todos os níveis e também a crianças deficientes: oficinas, mostras de vídeos, cursos e exposições temporárias. As oficinas, ministradas pela equipe do museu, visam a valorização do meio físico no contexto ambiental, por intermédio dos sentidos (tocar, cheirar e descobrir o sabor dos minerais), buscando-se novos conceitos e a relação de equilíbrio entre a natureza e o homem.

Por sua localização privilegiada o visitante pode também desfrutar do Parque Fernando Costa – Água Branca.

INFO

- PARQUE FERNANDO COSTA – ÁGUA BRANCA
  AV. FRANCISCO MATARAZZO, 455
  05001-300
  PARQUE DA ÁGUA BRANCA
  TEL/FAX: 3673-6797
- VISITAÇÃO: TERÇA-FEIRA A DOMINGO, DAS 9H ÀS 17H
- METRÔ BARRA FUNDA.
  ÔNIBUS E ESTACIONAMENTO NAS PROXIMIDADES
- VISITAS DE GRUPOS PODEM SER AGENDADAS

Museu Herculano Pires

Inaugurado recentemente por iniciativa do banqueiro, ex-chanceler e ex-prefeito da capital, Olavo Setubal.

O Museu leva o nome do funcionário que deu origem a esta coleção, posteriormente ampliada. Trata-se de um precioso patrimônio em moedas antigas, avaliado em 2,6 milhões de reais. Ao todo são 3.000 moedas raras em exposição, a maioria brasileira. Algumas, de grande valor histórico, destacam-se do conjunto, como, por exemplo, as cunhadas em ouro, prata e cobre, sem contar a maior relíquia da coleção: uma moeda da coroação de Dom Pedro I, de uma série de 64 peças que nunca chegaram a circular. A coleção, dividida em 30 módulos, é apresentada em ordem cronológica, com textos explicativos.

Todas as peças estão expostas na sala principal do museu, em modernas vitrines importadas dos fornecedores do Museu Britânico, de Londres. Protegido por portas blindadas, possui uma área de 300 m^2. O visitante pode ainda assistir a um filme sobre o museu.

INFO

- AV. PAULISTA, 149 – 9º ANDAR
  01311-000
  TEL: 3238-1951
  www.itaucultural.org.br
  instituto@itaucultural.org.br
- VISITAÇÃO: TERÇA-FEIRA A DOMINGO, DAS 10H ÀS 20H
- METRÔ BRIGADEIRO. ÔNIBUS E ESTACIONAMENTO NAS PROXIMIDADES
- ACESSÍVEL A DEFICIENTES FÍSICOS
- VISITAS EM GRUPO DEVEM SER AGENDADAS

Museu Histórico da Imigração Japonesa

Inaugurado a 18 de junho de 1978, no prédio da Sociedade Brasileira de Cultura Japonesa – Bunkyo, um centro de cultura japonesa, onde funcionam também uma das unidades da Aliança Cultural Brasil-Japão, o Centro de Estudos Nipo-Brasileiros, a Federação das Associações de Províncias do Japão no Brasil, o escritório da Beneficência Nipo-brasileira e a Sociedade Beneficente Feminina Esperança, a Casa de Chá Urassenke, o Bailado Clássico Japonês Fujima, o escritório da Assistência Social Dom José Gaspar, o Ikoi-no-Sono, o Centro de Informação e Apoio ao Trabalhador no Exterior e o Museu de Arte Nipo-Brasileiro.

O Museu apresenta ao público uma exposição permanente: conjunto de fotos, objetos e documentos dispostos cronologicamente, divididos em três módulos: "Os japoneses no novo mundo", "Contribuindo para o desenvolvimento" e "Em busca de novos rumos".

Dessa forma fica evidente o caráter histórico do museu, bem como seu objetivo de fazer lembrar os 80 anos da imigração japonesa no Brasil.

INFO

- RUA SÃO JOAQUIM, 381
  7°, 8° E 9° ANDARES
  01508-900
  TEL: 3209-5465
  FAX: 3209-9565
  mhijb@nethall.com.br
- VISITAÇÃO: TERÇA-FEIRA A DOMINGO, DAS 13H30 ÀS 17H30
- METRÔ SÃO JOAQUIM.
  ÔNIBUS E ESTACIONAMENTO NAS PROXIMIDADES
- ACESSÍVEL A DEFICIENTES FÍSICOS
- BIBLIOTECA

Museu Histórico Irmã Beata

Este museu funciona numa ala do Hospital Santa Catarina. As irmãs de Santa Catarina iniciam a sua história no Brasil em 1897. Em 1901 a Ordem inaugura em São Paulo a Escola Santo Adalberto. Em 1903, chega a São Paulo a irmã beata Heinrich, enfermeira que, com outros colaboradores, funda uma casa para tratar de doentes. Foi o primeiro passo para a aquisição do terreno na Avenida Paulista. O arquiteto Maximiliano Hehl elabora o projeto e dirige a construção do hospital que lá se encontra até hoje e cuja primeira diretora foi a irmã Beata.

Este museu reúne em seu acervo fotos do início do século, material cirúrgico, aparelhos médicos, livros, documentos originais do hospital, móveis, louças, objetos pessoais de irmãs e médicos que trabalharam no Sanatório Santa Catarina, o mais antigo das Américas.

INFO

AV. PAULISTA, 200
01310-000
TEL: 3238-4231
ENTRADA PELA RUA CINCINATO BRAGA

VISITAÇÃO: SEGUNDA A SEXTA-FEIRA, DAS 8H ÀS 12H E DAS 14H ÀS 17H

METRÔ PARAÍSO. ÔNIBUS E ESTACIONAMENTO NAS PROXIMIDADES

Museu Histórico Prof. Carlos da Silva Lacaz – Faculdade de Medicina-USP

CERQUEIRA CÉSAR

Criado e inaugurado no ano de 1977. Devido à sua localização, no 4° andar da Faculdade, encontra-se limitado por salas de aulas e laboratórios, ocupando uma área de 395 m^2. Possui uma exposição permanente ligada, principalmente, à história da medicina no Brasil.

Seu acervo é composto de móveis (muitos deles fabricados pelo Liceu de Artes e Ofícios), objetos pessoais, aparelhos e instrumental médico, constituindo um panorama da evolução da medicina desde o século XVIII até nossos dias. Complementando esta coleção, há condecorações, medalhas, publicações, fotos, documentos, registros das primeiras cirurgias e transplantes, livros, diplomas e teses.

Além desta parte ligada diretamente à medicina, são expostas obras de Tarsila do Amaral, Samson Flexor, Guto Lacaz, um anjo Gabriel, escultura barroca do século XIX, além das de outros artistas e médicos, ex-alunos ou docentes desta faculdade.

Podem ser requisitados para fins didáticos: História da Medicina, História da Sífilis, História da Neurologia, Símbolos da Medicina.

Sua biblioteca, ligada à área médica, é formada por livros, periódicos, teses e documentos.

INFO

- FACULDADE DE MEDICINA
UNIVERSIDADE DE SÃO PAULO
AV. DR. ARNALDO, 455
4° ANDAR - 01246-903
TEL: 3066-7249
FAX: 3085-3452
scipied@usp.br
- VISITAÇÃO: SEGUNDA A SEXTA-FEIRA, DAS 8H ÀS 12H E DAS 14H ÀS 17H
- METRÔ CLÍNICAS. ÔNIBUS E ESTACIONAMENTO NAS PROXIMIDADES
- ACESSÍVEL A DEFICIENTES FÍSICOS

Museu Histórico Wladimir da Prússia Gomes Ferraz

Instalado no edifício da Escola Paulista de Medicina, divide-se em duas partes: uma voltada à história da Escola Paulista de Medicina, desde a sua fundação, em 1933, e outra, a Sala EPM – Xingu, mostra representativa da atuação da Universidade no Parque Nacional do Xingu.

A exposição permanente voltada à história da Escola narra por meio de textos, fotos e documentos originais, a trajetória desta instituição, além de proporcionar reflexão e exame crítico do presente. Paralelamente, há exposições temáticas, sempre renovadas.

A Sala EPM – Xingu foi inaugurada em 1983. 25 painéis fotográficos permitem acompanhar o trabalho da EPM, desde julho de 1965, quando uma equipe médica, a convite de Orlando Villas Boas e coordenada pelo Dr. Roberto Baruzzi, foi ao Parque Indígena do Xingu avaliar as condições de saúde dos indígenas. Programa pioneiro do qual participaram médicos, dentistas, enfermeiros e alunos. Estas fotos focalizam também aspectos da vida destas aldeias, ainda em relativo isolamento.

Há também importantes peças expostas: arcos e flechas, cerâmica, cestaria, colares, objetos variados que, muito bem dispostos, nos dão uma idéia da produção dos 14 povos indígenas representantes das quatro maiores famílias linguísticas do Brasil: Aruaque, Karib, Tupi e Jê, além de uma língua isolada, pertencentes às seguintes etnias: Yawalapiti, Waurá, Weti, Kalapalo, Kuikuro, Mehinako, Nahukuá, Kamaiurá, Matipu, Trumai, Ikpeng, Suiá, Juruna e Kajabi.

INFO

- UNIVERSIDADE FEDERAL DE SÃO PAULO
  RUA BOTUCATU, 870
  04023-900
  TEL: 5576-4258
  FAX: 5573-0954
  mbarros.dac@epm.br
- VISITAÇÃO: SEGUNDA A SEXTA-FEIRA, DAS 8H ÀS 17H
- METRÔ SANTA CRUZ. ÔNIBUS E ESTACIONAMENTO NAS PROXIMIDADES
- BIBLIOTECA
- LANCHONETE

Museu da Imagem e do Som – MIS

Criado a 29 de maio de 1970, com a finalidade de coletar, registrar, organizar e preservar a imagem e o som do passado e do presente da vida brasileira. O MIS é um importante núcleo de arte, educação e lazer. Sua atual sede foi aberta ao público em 1975, com a Exposição "Memória Paulistana". O edifício foi construído inicialmente para servir de moradia, e por um processo de desapropriação passou ao Estado, que o reformou e o adaptou, conforme projeto de Roberto Fasano e Dan Juan Antonio.

Seu grande acervo conta com diversas coleções: artes gráficas (6.308 peças); áudio (6.706 discos, 194 cds, 1.616 rolos e 1.016 K-7 de gravações gerais); cinema (13.000 filmes); fotográfica (10.000 diapositivos, 112.000 negativos, 45.000 contatos e ampliações, 97 câmaras fotográficas, 36 câmaras cinematográficas, 36 projetores cinematográficos, 24 flashes, 11

INFO

- AV. EUROPA, 158
  01449-000
  TEL/ FAX: 3081-4417, 3088-0896, 3062-9197
- VISITAÇÃO: TERÇA-FEIRA A DOMINGO, DAS 14H ÀS 22H
- ÔNIBUS E ESTACIONAMENTO NAS PROXIMIDADES
- ACESSÍVEL A DEFICIENTES FÍSICOS
- VISITAS INDIVIDUAIS OU EM GRUPO PODEM SER MONITORADAS
- LIVRARIA
- BIBLIOTECA. FILMOTECA VIDEOTECA. FITOTECA
- SETOR DE DOCUMENTAÇÃO: DE SEGUNDA A SEXTA-FEIRA, DAS 14H ÀS 18H

fotômetros, 51 objetos variados (quadros, editores de cinema, medalhas, estereoscópios, etc.), 10 toca-discos, 18 toca-fitas, 17 rádios e 9 televisores.

Possui biblioteca (cerca de 8.000 volumes) especializada em cinema, vídeo, fotografia, música popular, artes gráficas, filmoteca, videoteca (2.000 vídeos) e fitoteca (com acervo musical e depoimentos). Podem ser consultados nas dependências do Museu ou emprestados a instituições cadastradas.

Exposições temporárias e de parte do acervo, além de importantes festivais de curtas metragens e vídeos.

Museu do Instituto Biológico – MIBIO

Depois de passar por seis diferentes sedes, o Instituto Biológico foi instalado no prédio de pedra rósea da Avenida Rodrigues Alves, numa área de 239.000 m². É um marco de referência da Vila Mariana, com linhas e ângulos retos, vidros geometricamente dispostos e telhado escondido por torres. O projeto é do engenheiro Mário Whately e acompanha o movimento modernista do início dos anos 20 estilo *Art Déco**. É um retrato da cidade moderna, da São Paulo das chaminés, das fábricas e dos arranha-céus. Totalmente despojado de ornatos, é simples e funcional, visando atender às necessidades de seus usuários: cientistas, técnicos, preparadores, funcionários e trabalhadores. Possui seis pavimentos onde se distribuem os serviços de Biologia Animal e Biologia Vegetal. Variada biblioteca, aberta ao público em geral, oferece publicações voltadas ao seu campo de ação.

O Instituto Biológico nasceu a 26 de dezembro de 1927, em decorrência da necessidade de se debelar a Praga Cafeeira que assolava as plantações "Ouro Verde", responsável pela punjança econômica do Estado. Sua filosofia continua sendo a de pesquisar, orientar e combater os males que ameaçam plantações e criações. O acervo é formado por quatro coleções: Anatomia Patológica, Fitopatologia, Entomologia Agrícola e Museu Histórico (aparelhos, peças, fotos e documentos). São

INFO

- AV. CONSELHEIRO RODRIGUES ALVES, 1252
  04014-002
  TEL: 5572-9822 RM. 216
  federsoni@biologico.com.br
  pfedersoni@sti.com.br
- VISITAÇÃO: HORÁRIO A CONFIRMAR
- ÔNIBUS NAS PROXIMIDADES ESTACIONAMENTO
- ACESSÍVEL A DEFICIENTES FÍSICOS

oferecidos cursos sobre Sanidade Animal e Vegetal, Educação Ambiental e Museologia.

O MIBIO – Museu do Instituto Biológico, novo e importante passo, tem por objetivo proporcionar exibições, atividades científicas, educacionais e culturais, além de lazer, reuniões e oficinas de Educação Ambiental. Ao lado do prédio do Instituto, estão previstas a formação de uma minifazenda, e de uma minitrilha ecológica, com atendimento especializado a pessoas com necessidades especiais de aprendizado (deficientes físicos ou mentais), um fichário com peças biológicas manuseáveis, textos, tabelas, gráficos e fotos e um laboratório experimental. Com a preocupação de defesa da qualidade de vida da comunidade, o museu é uma verdadeira escola de Ciências Biológicas, de Educação Ambiental e de Cidadania.

Museu e Instituto Oceanográfico

O Instituto Oceanográfico foi criado em 1946, como Instituto Paulista de Oceanografia, tendo sido incorporado, em 1951, à Universidade de São Paulo. Dispõe de uma ampla biblioteca e edita duas publicações periódicas. O Museu Oceanográfico, criado em 1988, tem como finalidade principal dar suporte às atividades de ensino além de auxiliar pesquisas. Seu acervo é dividido em módulos. Possui aquários marinhos e utiliza recursos visuais e instrumentais para mostrar os oceanos em sua estrutura, dinâmica e biodiversidade.

Realiza excursões ecológicas às bases do Instituto Oceanográfico, em Cananéia* ou Ubatuba*, para alunos do ensino médio. Fazem parte de suas atividades exposições itinerantes (o museu dispõe de dois módulos – Expo-Antártica e Ambiente Marinho) e empréstimo de material biológico para alunos e professores.

INFO

- UNIVERSIDADE DE SÃO PAULO
  PRAÇA DO OCEANOGRÁFICO, 191
  05508-900
  TEL: 3818-6587
  FAX: 210-3092
  www.usp.br (Unidades/IO Museu)
- VISITAÇÃO: SEGUNDA A SEXTA-FEIRA, DAS 9H ÀS 17H
- ACESSÍVEL A DEFICIENTES FÍSICOS
- AS VISITAS PODEM SER MONITORADAS COM PALESTRAS E PROJEÇÃO DE SLIDES E/OU VÍDEOS

Museu do Ipiranga

(ver Museu Paulista)

O Parque da Independência foi criado como referência cívica nacional. Situado no Bairro do Ipiranga, possui uma área de 161.335 m^2, que inclui o Monumento à Independência, a Casa do Grito, o Riacho do Ipiranga, o Jardim Francês, o Horto Botânico e o Museu Paulista.

O Museu Paulista, "nome oficial e original do Museu do Ipiranga", criado juridicamente em 1893 e oficialmente inaugurado a 7 de setembro de 1895, é o museu mais antigo do Estado de São Paulo. Pertence à Universidade de São Paulo desde 1963.

Está instalado num edifício projetado em 1882 pelo engenheiro italiano Tommaso Gaudenzio Bezzi; sua construção estendeu-se de 1885 a 1890. Como monumento, é o primeiro à Proclamação da Independência do Brasil, assinalando o lugar exato desse acontecimento às margens do riacho Ipiranga.

O núcleo do Museu foi constituído pela Coleção Joaquim Sertório, "miscelânea de peças que foram doadas ao Estado", além do quadro "Independência ou Morte", de Pedro Américo, e outros documentos e objetos ligados à história da pátria.

O acervo original sofreu alguns desmembramentos: em 1911, parte das pinturas passou para a Pinacoteca do Estado; em 1927, a coleção de botânica foi para o atual Herbário do Estado; em 1939, a de zoologia foi para o atual Museu de Zoologia-USP; em 1989, a de arqueologia

INFO

- CAPELA IMPERIAL E CASA DO GRITO
  UNIVERSIDADE DE SÃO PAULO
  PARQUE DA INDEPENDÊNCIA, S/Nº
  04299-970
  TEL: 215-4588 RM. 2007
  FAX: 215-4588 RM. 2050
  CAIXA POSTAL 42503
  mp@edu.usp.br
  www.mp.usp.br
- VISITAÇÃO: TERÇA-FEIRA A DOMINGO, DAS 9H ÀS 16H45
- ÔNIBUS NAS PROXIMIDADES
- ESTACIONAMENTO DE AUTOMÓVEIS E ÔNIBUS
- ACESSÍVEL A DEFICIENTES FÍSICOS
- VISITAS PODEM SER MONITORADAS
- LOJA

e etnologia passaram a constituir o Museu de Arqueologia e Etnologia-USP. Desta forma, o Museu Paulista tornou-se exclusivamente histórico.

Possui hoje um acervo de mais de 100.000 unidades, que vão do século XVI até meados do XX, com predominância do período de 1850 a 1950, formado por: objetos (mobiliário, indumentária, armaria*, imaginária* e acessórios diversos), numismática*, medalhística, filatelia*, documentação (81 coleções e 6 fundos de arquivos) e iconografia (14.700 itens). Está dividido em três áreas: Cotidiano e Sociedade, Universo de Trabalho e História do Imaginário.

Na primeira área, temos principalmente objetos domésticos, não apenas utilitários, mas que têm também função nas relações sociais. Na segunda, o universo do trabalho pré e protoindustrial. O objetivo é o de se ver em todos os objetos o trabalho neles embutido, e perceber aspectos de sua divisão técnica e social numa sociedade. Na terceira, o museu procura compreender as formas de constituição da memória de grupos sociais e seu funcionamento. Importante também é sua biblioteca (com 70.000 livros e periódicos), especializada em História do Brasil e da Cultura, que muito contribui para a pesquisa histórica e para a museologia.

No meio do Parque da Independência encontra-se a chamada "Casa do Grito" e o Monumento à Independência, sob o qual está construída a Capela Imperial, onde estão os restos mortais da Família Imperial Brasileira.

À frente do museu há um conjunto de jardins que segue o modelo francês, inspirado em Versalhes. Seu primeiro projeto é de 1909, do belga Arsenius Puttemans. Em 1922, foi reelaborado para as comemorações do Centenário da Independência.

O Museu Paulista procura firmar um compromisso com o imaginário da Independência e com o que isto representa. Através do próprio prédio, do mobiliário, das pinturas, dos veículos, das armas, das estátuas, de peças muitas vezes aparentemente insignificantes, evoca-se a memória com a responsabilidade de se promover a consciência histórica. Os objetos, nesta perspectiva, transformam-se assim em documentos históricos que nos auxiliam a entender a própria memória nacional.

Museu da Irmandade da Santa Casa de Misericórdia

A Santa Casa, como instituição, existe há mais de 400 anos. A de São Paulo foi instalada primeiramente no Largo da Misericórdia, passou para a Rua da Glória e, finalmente, em 1884, para a Rua Dr. Cesário Motta, onde se encontra até hoje. Seu prédio destaca-se pela extensão, harmonia de linhas, emprego de tijolos aparentes formando ogivas, extensos corredores, janelas e portas de pinho de riga e agradável jardim interno.

Há aproximadamente quinze anos foi criado o Museu, formado pelas seções artística, histórica e médica. Seu acervo é composto de móveis, paramentos sacros, aparelhos médicos os mais variados, importante documentação da Campanha do Ouro para o Bem de São Paulo, livros, registros de fatos importantes, retratos de personagens ligados à história da Santa Casa, além da muito famosa "Roda dos Expostos" – cilindro de madeira, com abertura voltada para a rua, onde eram colocadas as crianças rejeitadas.

A seção artística possui gravuras, esculturas, pinturas, fotografias de importantes artistas, tais como Almeida Júnior, Oscar Pereira da Silva, Käthe Kollwitz, entre outros.

INFO

- R. DR. CESÁRIO MOTTA JÚNIOR, 112
PRÉDIO DA PROVEDORIA
01221-900
TEL: 3226-7025
- VISITAÇÃO: SEGUNDA, QUARTA E SEXTA-FEIRA, DAS 14H ÀS 17H30
- METRÔ SANTA CECÍLIA. ÔNIBUS E ESTACIONAMENTO NAS PROXIMIDADES
- ACESSÍVEL A DEFICIENTES FÍSICOS

Museu José Bonifácio

Criado em 1949 e inaugurado em 1963, quando do segundo centenário de nascimento de José Bonifácio.

Está instalado no prédio do Instituto Histórico e Geográfico de São Paulo e tem por objetivo conservar, colecionar e difundir o seu patrimônio histórico. Compõe-se de: Biblioteca Afonso d' Escragnolle Taunay, com uma coleção de mais de 60.000 volumes dedicados à história e um arquivo de documentos; Hemeroteca Júlio de Mesquita, com aparelhagem de microfilmagem, e permitindo consultas de estudantes e pesquisadores nacionais e estrangeiros; e uma coleção de objetos históricos referentes a José Bonifácio e à História do Brasil.

INFO

- RUA BENJAMIN CONSTANT, 158
  7º ANDAR
  01005-000
  TEL: 232-3582 / 232-8064
- VISITAÇÃO: SEGUNDA A SEXTA-FEIRA, DAS 13H ÀS 18H
- METRÔ SÉ. ÔNIBUS NAS PROXIMIDADES
- VISITAS DEVEM SER AGENDADAS

Museu Lasar Segall

Inaugurado oficialmente em 1967. Em 1970 é constituída a Associação Museu Lasar Segall, fundada por Oscar e Maurício Segall que, na ocasião, doaram a parte mais valiosa e significativa do acervo, além do prédio e recursos móveis e imóveis para implantação do museu. O Museu só seria definitivamente aberto em 1973.

Está instalado na antiga residência e ateliê de Lasar Segall, uma casa modernista de linhas retas e arquitetura arrojada, projetada em 1932 por Gregori Warchavchik, arquiteto russo radicado em São Paulo, um dos precursores da construção moderna no país, também responsável por diversos projetos, como o da Casa Modernista e o da Casa da Rua Itápolis, importante marco da Semana de Arte Moderna.

O prédio do Museu é um belo exemplo da arquitetura moderna, reunindo ambientes aconchegantes, propícios ao aprendizado e à reflexão.

O acervo é constituído de obras da produção artística, extenso arquivo documental e fotográfico, peças de mobiliário em madeira desenhadas por Segall em 1932, instrumentos e materiais de trabalho e objetos de seu uso pessoal. As obras de arte estão dispostas segundo as diversas fases atravessadas pelo artista.

Lasar Segall, nascido na Lituânia, passou por muitas cidades européias antes de se fixar no Brasil. Aqui, paisagens, flora, tipos físicos, arquitetura e

INFO

- RUA BERTA, 111
  04120-040
  TEL: 5574-7322 FAX: 5572 3586
  www.uol.com.br/museulasarsegall
- VISITAÇÃO: TERÇA-FEIRA A SÁBADO, DAS 14H ÀS 19H
- METRÔ SANTA CRUZ. ÔNIBUS E ESTACIONAMENTO NAS PROXIMIDADES
- ACESSO A DEFICIENTES FÍSICOS
- MONITORIA PARA GRUPOS E ESCOLAS
- BIBLIOTECA JENNY KLABIN SEGALL
- VIDEOTECA
- BAR

tradições brasileiras marcaram profundamente sua arte.

Deve-se ressaltar que este museu abriga a obra de um único artista. Dinâmico em sua relação com o público, procura desenvolver atividades criativas: centro de gravura, oficinas de redação, atividades em torno de música e cinema, além de fotografia.

Museu da Memória do Bixiga

Próximo ao Anhangabaú*, encontra-se o Bairro do Bexiga, ou Bela Vista. O nome do museu tomou a forma Bixiga por causa da pronúncia dos moradores do bairro.

Esse nome tem três origens possíveis: uma epidemia de varíola ocorrida no local no início do século XIX; a chácara de Antonio Pereira Bexiga, que hospedou, em 1819, o historiador francês Auguste de Saint-Hilaire; e a presença de um matadouro que havia na região, também no século XIX, onde se vendiam bexigas de boi.

O museu está situado numa casa do início do século, possuindo uma coleção de objetos, documentos e fotos, relacionada com a história do bairro, formado por grande população de italianos. Foi fundado em 1980 por Armando Puglisi (1931-1994), da Calábria, Itália. Seu acervo é formado por cerca de 2.000 peças, em parte expostas ao público nas dependências do museu.

INFO

- RUA DOS INGLESES, 118
  01329-000
  TEL: 3285-5009
  www.bixiga.com.br
- VISITAÇÃO: QUARTA-FEIRA A DOMINGO, DAS 14H ÀS 17H
- ÔNIBUS E ESTACIONAMENTO NAS PROXIMIDADES

Museu dos Óculos Gioconda Giannini

Criado em 1986 por Miguel Giannini, o Museu dos Óculos, instalado no andar superior de um antigo casarão restaurado do Bexiga, oferece um panorama de sete séculos da história dos óculos. O acervo possui aproximadamente seiscentas peças, das quais duzentas em exposição.

O visitante, ao percorrer este museu voltado a um assunto específico, tem a oportunidade de seguir a evolução da ótica por meio de variados objetos, como *pince-nez, lorgnons,* lentes, armações, hastes, aparelhos óticos, estojos. Algumas peças merecem destaque, como a réplica dos primeiros óculos descobertos na Alemanha no final do século XIII; as *lorgnettes,* sofisticação feminina surgida no século XV; hastes fixas, confeccionadas a mão, que apareceram por volta de 1600; a coleção chinesa do século XVIII, com seus estojos de pele de peixe; até, mais recentemente, as armações do início do século, mais leves e elegantes; as dos anos 70, de plástico, enormes, usadas pelos jovens contestadores, lançando a tendência da liberdade absoluta, em voga até os dias de hoje.

Com este panorama o espectador pode acompanhar a evolução da moda e dos costumes, um dos aspectos essenciais para uma melhor compreensão da história.

INFO

- RUA DOS INGLESES, 108
01329-000
TEL: 3289-5953 / 3288-0206
TEL/FAX: 3253-2000
- VISITAÇÃO: SEGUNDA A SEXTA-FEIRA, DAS 9H ÀS 18H E SÁBADO, DAS 9H ÀS 12H
- ÔNIBUS E ESTACIONAMENTO NAS PROXIMIDADES
- ACESSÍVEL A DEFICIENTES FÍSICOS

Museu Osório César – Complexo Hospitalar Juquery*

Na segunda metade do século XIX, o Governo do Estado incumbiu o doutor Francisco Franco da Rocha de encontrar uma área para onde pudesse ser transferido o "Asylo dos Alienados" da Avenida São João, que se encontrava superado. A área escolhida situava-se no município de Juquery*, adquirindo então o governo várias fazendas para dar início à instalação do hospício, que passou a representar a principal fonte de trabalho, de vida social e o mais belo cartão postal da cidade. Este hospital, inaugurado em 1898, deu origem, em 1944, a um novo município, o de Franco da Rocha.

O projeto e a construção dos edifícios que compõem o conjunto arquitetônico são de autoria do escritório técnico de Francisco de Paula Ramos de Azevedo. Sua estrutura atual é composta por colônias e clínicas, formando o que ainda é considerado o grande complexo psiquiátrico da América Latina, com seu belos jardins, suas ruas arborizadas, seu grande território onde a principal preocupação é fornecer melhores condições de vida aos pacientes.

Neste sentido foi desenvolvida toda uma atividade voltada ao trabalho artístico, origem do Museu Osório César.

Osório Thaumaturgo César, médico com cursos de aperfeiçoamento na Europa, ingressa no Juquery onde passa a desenvolver atividades artísticas com fins terapêuticos junto aos

INFO

- AL. DOS COQUEIROS, S/Nº
07780-000 - CENTRO
TEL: 4449-5111 RM. 284
FAX: 4449-5111 RM. 633
- VISITAÇÃO: SEGUNDA A SEXTA-FEIRA, DAS 8H ÀS 16H
- ESTACIONAMENTO PARA AUTOMÓVEIS E ÔNIBUS
- TREM PARTINDO DA ESTAÇÃO DA LUZ, SENTIDO JUNDIAÍ OU FRANCISCO MORATO, ONDE HÁ ÔNIBUS GRATUITO PARA O COMPLEXO HOSPITALAR

doentes. Paralelamente, fazia crítica de arte nos principais jornais de São Paulo, publicando artigos também em livros e revistas e fazendo traduções ligadas à medicina e à saúde pública. Foi um pioneiro, nos anos 20, ao desenvolver atividades artísticas como tratamento dos internos, visando a busca de mobilização de seu mundo interior, o que se dá nos momentos de criação. Neste intuito, foi criada a Escola Livre de Artes Plásticas, cujas funções aliavam arteterapia, pesquisa e artesanato. Foi pioneiro também ao reconhecer como arte vários trabalhos realizados, que passaram a constituir o acervo do museu, hoje com aproximadamente 8.000 peças entre esculturas, pinturas, desenhos e fotografias.

Outro de seus objetivos era a inserção social dos internos. Por tudo isto, Osório César abriu um campo inédito entre os cientistas e intelectuais brasileiros nas áreas acima apontadas.

Museu Paulista

(ver Museu do Ipiranga)

INFO

- PARQUE DA INDEPENDÊNCIA, S/Nº 04299-970
  TEL: 215-4588 RM. 2007
  FAX: 215-4588 RM. 2050
  CAIXA POSTAL 42503
  mp@edu.usp.br
  www.mp.usp.br
- VISITAÇÃO: TERÇA-FEIRA A DOMINGO, DAS 9H ÀS 16H45
- ÔNIBUS NAS PROXIMIDADES
  ESTACIONAMENTO PARA AUTOMÓVEIS E ÔNIBUS
- ACESSÍVEL A DEFICIENTES FÍSICOS
- VISITAS PODEM SER MONITORADAS
- LOJA
- BIBLIOTECA

Museu Paulo Machado de Carvalho

BARRA FUNDA

Pertencente à Federação Paulista de Futebol, este museu foi inaugurado em 1975. Abriga, em seu acervo, troféus, medalhas, salvas, bolas, livros, revistas, jornais, além de uma réplica da Taça Jules Rimet.

INFO

- FEDERAÇÃO PAULISTA DE FUTEBOL
  RUA REGINA HELENA, 55
  01141-040
  TEL: 3660-7000
- VISITAÇÃO:
  SEGUNDA A SEXTA-FEIRA, DAS 14H30 ÀS 16H30
- METRÔ BARRA FUNDA. ÔNIBUS E ESTACIONAMENTO NAS PROXIMIDADES

Museu da Pessoa

SITE

É o primeiro museu virtual de São Paulo. Foi fundado em 1992 com o objetivo de permitir a qualquer pessoa ter a sua história de vida registrada e preservada, democratizando-se assim o registro da memória e ao mesmo tempo o acesso a ele. Desenvolve diversas parcerias com outras entidades como é o caso do Projeto Aprendiz, onde jovens de escolas públicas e particulares colhem depoimentos dos idosos do Lar Golda Meir, e o Projeto Memória do Comércio, da região de Araraquara*, São Carlos, Matão e região, promovido pelo SESC-SP e apoiado pelo Sindicato de Comércio da Região. Se você quiser conhecer melhor o Museu da Pessoa ou contribuir com um depoimento, basta conectar-se com o endereço eletrônico.

INFO

- www.museudapessoa.com.br

Museu da Polícia Militar

Situado num belo edifício de autoria do Escritório Ramos de Azevedo, o museu foi fundado em 1962 e reformado em 1996. Possui um acervo ligado às polícias militar e marítima. Roupas, objetos de uso pessoal, fotografias, documentos, armas, motos antigas e uma biblioteca anexa.

INFO

- RUA DR. JORGE MIRANDA, 308
  01106-000
  TEL: 3311-9955
- VISITAÇÃO: TERÇA A SEXTA-FEIRA, DAS 12H ÀS 16H45
- METRÔ TIRADENTES. ÔNIBUS E ESTACIONAMENTO NAS PROXIMIDADES
- ACESSÍVEL A DEFICIENTES FÍSICOS
- MONITORIA DEVE SER AGENDADA

Museu do Presépio

(ver Museu de Arte Sacra)

LUZ

INFO

- AV. TIRADENTES, 676
  01102-000
  TEL: 3326-3336 / 3326-1373
- ANEXO AO MUSEU
  DE ARTE SACRA

Museu do Relógio

Com mais de 30 anos de existência, o Museu do Relógio, fundado por Dimas de Melo Pimenta, instalado na sede de sua empresa (DIMEP), possui um acervo de aproximadamente 800 peças. Grande parte desta coleção veio da Europa e outra parte é formada por doações. Para não desgastar seus mecanismos, não são todos os relógios que funcionam permanentemente. Alguns, entretanto, revelam verdadeiras surpresas, como um cuco alemão de 120 anos, que a cada meia hora toca uma valsa.

Este museu, que representa a evolução da relojoaria, transporta os visitantes através dos tempos, não apenas pelos seus relógios, mas também por seus móveis e objetos do início do século.

INFO

- AV. DIÓGENES RIBEIRO DE LIMA, 2333
05458-902
TEL: 3022-7922
- VISITAÇÃO: SEGUNDA A SEXTA-FEIRA, DAS 8H ÀS 11H E DAS 14H ÀS 17H
- ÔNIBUS E ESTACIONAMENTO NAS PROXIMIDADES
- ACESSÍVEL A DEFICIENTES FÍSICOS

Museu do Saneamento

O acervo do Museu do Saneamento é constituído por fotos, livros, recortes, peças e equipamentos antigos, relacionados com o funcionamento do antigo DAEE (Departamento de Águas e Esgotos do Estado).

INFO

- AV. DO ESTADO, 787
  01107-000
  TEL: 3315-3500
- VISITAÇÃO: SEGUNDA A SEXTA-FEIRA, DAS 13H ÀS 17H
- ÔNIBUS NAS PROXIMIDADES
  FÁCIL ESTACIONAMENTO
- ACESSÍVEL A DEFICIENTES FÍSICOS

Museu de Saúde Pública Emílio Ribas

O museu está instalado num edifício tombado desde 1985, numa área total construída de 732 m^2. Seu acervo começou a ser formado quando o Dr. José Alves dos Santos, funcionário da Secretaria Estadual da Saúde, iniciou uma coleção de documentos referentes à atuação do Dr. Emílio Ribas. São equipamentos tecnocientíficos (de ambulatórios e hospitais), móveis, arquivo (história, medicina e saúde pública) e biblioteca.

Realiza atividades variadas: exposições de longa ou curta duração, exposições itinerantes, empréstimo de peças, atividades didádicas e ações comunitárias (trabalhos sobre drogas e cidadania).

INFO

- RUA TENENTE PENA, 100
  01127-020
  TEL/FAX.: 3331-0341
- VISITAÇÃO: SEGUNDA A SEXTA-FEIRA DAS 9H ÀS 17H
- METRÔ BARRA FUNDA. ÔNIBUS E ESTACIONAMENTO NAS PROXIMIDADES

Museu Técnico-Científico Oscar Freire

Biblioteca especializada em história da medicina e práticas ligadas a ela, como medicina do trabalho, medicina social, criminalística e criminologia.

Ligado à Faculdade de Medicina da Universidade de São Paulo, o museu está abrigado no prédio da própria Faculdade, concluído em 1931. Seu acervo é apresentado ao público por meio de uma montagem orientada, constituída por peças anatômicas provenientes de perícias nas áreas da medicina social, legal e do trabalho.

INFO

- FACULDADE DE MEDICINA.
UNIVERSIDADE DE SÃO PAULO
RUA TEODORO SAMPAIO, 115
05406-000
TEL: 3085-9677 RM. 115
3085.7291 RM. 115
- VISITAÇÃO: SEGUNDA A SEXTA-FEIRA, DAS 8H ÀS 16H
VISITAS DEVEM SER AGENDADAS
- METRÔ CLÍNICAS. ÔNIBUS E ESTACIONAMENTO NAS PROXIMIDADES

Museu do Telefone

O Museu do Telefone da Telecomunicações de São Paulo S. A. começou a ser criado nos anos 40 pelos funcionários da antiga Companhia Telefônica Brasileira. Em 1976, por iniciativa de Antônio Sales Leite, inaugurou-se a primeira sala do museu, em Bragança Paulista, e depois o atual museu, em São Paulo, acrescido de uma coleção comprada do Dr. Carlos Becker.

INFO

- RUA BENJAMIN CONSTANT, 174 7º ANDAR - 01005-000 TEL: 3105-4183 - CENTRO museu@telesp.com.br
- VISITAÇÃO: SEGUNDA A SEXTA-FEIRA, DAS 8H ÀS 17H
- AGENDAR PREVIAMENTE
- METRÔ SÉ. ÔNIBUS E ESTACIONAMENTO NAS PROXIMIDADES
- MUSEU DO TELEFONE SALA DE BRAGANÇA PAULISTA PRAÇA JOSÉ BONIFÁCIO, 126 12900-000 - CENTRO BRAGANÇA PAULISTA - SP TEL: 4033-1937
- VISITAÇÃO: TERÇA-FEIRA A DOMINGO, DAS 9H ÀS 17H30

Trata-se de uma coleção histórica, uma das mais completas, com mais de 400 peças em exposição. Entre elas, encontram-se alguns dos primeiros aparelhos telefônicos de fax dos anos 50, telefones de guerra usados pelo Exército Brasileiro, o primeiro telefone público instalado em rua, o Telégrapho Policial (aquele da caixinha preta), mesas de telefonistas, além de uma coleção moderna, formada por videofones, minicentrais telefônicas, componentes eletrônicos, entre outros objetos ligados à telefonia. Há também uma coleção completa de Listas Telefônicas do Estado de São Paulo, desde 1917, e muito mais para ser visto e até tocado.

Hoje, o Museu do Telefone dedica-se à pesquisa, documentação e preservação das peças.

Museu do Theatro Municipal

Inaugurado a 11 de outubro de 1993, o museu possui salas de exposições, depósitos de acervo, ateliês de montagens e salas de administração. Sua história está ligada aos acontecimentos sociais deste século, assim como seus objetos e documentos, ao processo da produção artística da cidade.

Seu acervo é constituído de partituras, gravações, hemeroteca, arquivo fotográfico e audiovisual, além de livros e programas das variadas atividades desenvolvidas desde a sua inauguração. Destina-se a coletar documentos, gravações e reportagens pertinentes à história do Theatro, formando um verdadeiro banco de dados. Seu setor de documentação e consulta é fonte de referência para todos que se interessem por sua história.

O Museu está situado sob o Viaduto do Chá, ao lado do Theatro Municipal, na Praça Ramos de Azevedo.

INFO

- BAIXOS DO VIADUTO DO CHÁ, S/Nº - 01049-010
  PRAÇA RAMOS DE AZEVEDO
  TEL. 3241-3815
- VISITAÇÃO: SEGUNDA A SEXTA-FEIRA, DAS 9H ÀS 17H
- METRÔ ANHANGABAÚ*
  ÔNIBUS E ESTACIONAMENTO NAS PROXIMIDADES
- ACESSÍVEL A DEFICIENTES FÍSICOS
- MONITORIA PARA GRUPOS E ESCOLAS
- BIBLIOTECA

Museu do Tietê* – Parque Ecológico do Tietê

O museu encontra-se no belo Parque Ecológico do Tietê*. Projetado pelo arquiteto Ruy Ohtake e pelo paisagista Roberto Burle Marx, tem a extensão de 20 hectares e serve a uma das áreas de maior densidade populacional de São Paulo. É muito freqüentado nos fins de semana.

Ocupa dois prédios, onde se encontram fototelas e painéis sobre a história do Rio Tietê, além de uma exposição de artesanato dos índios tupis e guaranis, que habitavam as margens deste rio.

Permeando as informações sobre poluição, enchentes, obras de retificação, limpeza, desassoreamento, navegação, qualidade da água em diferentes municípios, primeiras pontes construídas, monções, esporte e lazer (regatas, natação, pescaria), há uma preocupação constante com o meio ambiente.

INFO

- RUA GUIRA ACANGATARA, 70
03719-000 – PARQUE ECOLÓGICO DO TIETÊ
TEL: 6958-1477
- VISITAÇÃO: TERÇA-FEIRA A DOMINGO, DAS 9H ÀS 12H E DAS 13H ÀS 16H
- METRÔ PENHA. ESTAÇÃO DE TREM ENGENHEIRO GOULART. ÔNIBUS E ESTACIONAMENTO NO PARQUE
- MONITORIA DEVE SER AGENDADA
- ACESSÍVEL A DEFICIENTES FÍSICOS

Museu dos Transportes Públicos Gaetano Ferolla

CANINDÉ*

Possui um acervo variado, todo ele voltado à história dos transportes públicos. Estão expostos um bonde puxado a burro, de 1872; quatro bondes elétricos; três ônibus; um automóvel de 1923, que fez uma viagem panamericana durante 10 anos (de 1927 a 1937); peças variadas de ônibus e bondes; galeria de fotografias; moedas e notas de dinheiro; instrumentos de medição e maquetes que encantam quem o visita.

INFO

- AV. CRUZEIRO DO SUL, 780
  03033-020
  TEL: 227-5860 / 2963
- VISITAÇÃO: TERÇA-FEIRA A DOMINGO, DAS 9H ÀS 17H
- METRÔ ARMÊNIA. ÔNIBUS E ESTACIONAMENTO NAS PROXIMIDADES
- MONITORIA DEVE SER AGENDADA PELO TEL: 3315-8884
- ACESSÍVEL A DEFICIENTES FÍSICOS

Museu do Tribunal de Justiça

Ligado ao Tribunal de Justiça, como o próprio nome indica, seu acervo é composto de máquinas antigas de escrever, objetos de uso pessoal, canetas, tinteiros, mata-borrões, becas, fotografias, quadros sinóticos, livros, jornais, revistas, formando um vasto panorama da história desta instituição.

INFO

- PRAÇA CLÓVIS BEVILÁCQUA, S/Nº, 2º ANDAR, SALAS 280/294 01081-900 TEL: 3105-7533/232-9366 RM. 342
- VISITAÇÃO: SEGUNDA A SEXTA-FEIRA, DAS 13H ÀS 17H
- METRÔ SÉ. ÔNIBUS E ESTACIONAMENTO NAS PROXIMIDADES
- ACESSÍVEL A DEFICIENTES FÍSICOS

Museu do Whisky*

O museu abriga a maior coleção do mundo de garrafas deste destilado (segundo o *Guinness Book of Records*). São quase 3.200 diferentes garrafas, fechadas, arrumadas em ordem alfabética em prateleiras de mogno, numa construção de 200 m^2, além de uma biblioteca com mais de 160 livros sobre o assunto, fitas de vídeo, slides e um autêntico *pub* para degustação.

Pertence à Associação Brasileira dos Colecionadores de Whisky. Infelizmente, não é aberto à visitação pública. Quem quiser visitá-lo eletronicamente poderá acessar o endereço abaixo.

SITE

INFO

- www.abcw.com.br

Museu de Zoologia

IPIRANGA

O Conselheiro Francisco Mayrink doou ao Governo do Estado de São Paulo, em 1890, uma coleção de História Natural, reunida por Joaquim Sertório a partir de 1870, dando origem ao Museu de Zoologia. Com o passar dos anos, esta coleção foi crescendo em tamanho e importância, surgindo a necessidade da criação, em 1939, do Departamento de Zoologia da Secretaria de Agricultura, Indústria e Comércio. Em 1969 este Departamento foi transferido para a USP, sob a denominação de Museu de Zoologia e passando a ter características acadêmicas.

Além de manter e conservar as coleções zoológicas, realiza pesquisas científicas e presta serviços à comunidade.

Seu acervo é o maior do mundo no que se refere à fauna da Região Neotropical: cerca de 7 milhões de exemplares.

A exposição permanente abrange aves marinhas, aves da mata Atlântica, aves de lagoa, cerrado, Amazônia, onças, invertebrados (crustáceos e moluscos), peixes, anfíbios, répteis, mamíferos, jacarés, etc.

Sua biblioteca possui cerca de 2.000 livros e 2.364 títulos de periódicos.

INFO

- UNIVERSIDADE DE SÃO PAULO
AV. NAZARÉ, 481
04263-000
TEL: 274-3455
FAX: 274-3690
www.mz.usp.br
- VISITAÇÃO: TERÇA-FEIRA A DOMINGO, DAS 10H ÀS 17H
- ÔNIBUS E ESTACIONAMENTO NAS PROXIMIDADES
- VISITAS MONITORADAS DEVEM SER AGENDADAS
- BIBLIOTECA

Oficinas Culturais da Secretaria de Estado da Cultura

As Oficinas Culturais são espaços que oferecem atividades gratuitas, especialmente de caráter prático. Suas áreas de atuação compreendem acervos culturais, administração cultural, artes plásticas, cinema, circo, cultura geral, dança, *design*, folclore, fotografia, história em quadrinhos, literatura, meio ambiente, multimídia, música, ópera, rádio, teatro e vídeo.

INFO

- OFICINA CULTURAL ALFREDO VOLPI
  RUA VICTORIA SANTIM, 206
  ITAQUERA*
  TEL: 6205-5180

- OFICINA CULTURAL AMÁCIO MAZZAROPI
  RUA ALBINO BAIRÃO, 196
  03054-020 - BELENZINHO
  TEL: 292-7071 / 292-7711

- OFICINA DA PALAVRA CASA MÁRIO DE ANDRADE (VER CASA MÁRIO DE ANDRADE)
  RUA LOPES CHAVES, 546
  01154-010 - BARRA FUNDA
  TEL: 3666-5803 / 826-4085

- OFICINA CULTURAL OSWALD DE ANDRADE
  RUA TRÊS RIOS, 363
  01123-001 - BOM RETIRO
  TEL: 221-4704
  VISITAÇÃO: SEGUNDA A SEXTA-FEIRA, DAS 12H ÀS 20H

- OFICINA CULTURAL RAUL SEIXAS
  RUA INSPETOR MÁRIO TEIXEIRA, 70
  03335-100 - TATUAPÉ*
  TEL: 6671-9073

- OFICINA CULTURAL DE SÃO MIGUEL LUIZ GONZAGA
  RUA AMADEU GAMBERINI, 259
  SÃO MIGUEL
  TEL: 6956-2449

Oficina do Livro "Rubens Borba de Moraes"

VILA MARIANA

Está instalada numa casa projetada pelo arquiteto Rino Levi, antiga residência do pintor Samson Flexor.

A idéia inicial da Oficina é mostrar que o "sebo" é um manancial de resgate cultural e, ao mesmo tempo, valorizar o livro, tanto como objeto da literatura, quanto por seu aspecto físico – livros raros, antigos, edições limitadas, ilustrações, enfim tudo que se refira à arte livresca. Por isso a preocupação com a conservação e restauro, reedições de textos, leituras, seminários e conferências. A oficina produz e publica a *Revista Bibliográfica e Cultural* e um boletim chamado *Nanico*.

O acervo consta de mais de 10.000 itens (além de livros, documentos, correspondências, catálogos, revistas) e um milhar de documentos autógrafos, muito consultados por escritores e pesquisadores. Para frequentar a oficina há necessidade de associar-se.

INFO

- RUA GASPAR LOURENÇO, 587
  04505-970
  TEL/FAX: 5571-5830
  CORRESPONDÊNCIA: CAIXA POSTAL 19022
- METRÔ ANA ROSA. ÔNIBUS E ESTACIONAMENTO NAS PROXIMIDADES
- VISITAS DEVEM SER AGENDADAS

Paço das Artes

Criado em 1970, ocupa um amplo e moderno edifício na Cidade Universitária. Sua programação é voltada a exposições e mostras nas áreas de Fotografia, Artes Plásticas, Artes Gráficas, Desenho Industrial e Multimídia. Seu salão de exposições tem aproximadamente 1.000 m^2 e é freqüentado por pessoas de diversas idades e áreas de interesse.

Não possui acervo e sua maior preocupação é apresentar as tendências mundiais da arte contemporânea, tornando-se assim um pólo de vanguarda das artes plásticas.

INFO

- AV. DA UNIVERSIDADE, 1
05508-900
TEL: 3813-3627
pacoarte@ipernet.com.br
- VISITAÇÃO: SEGUNDA A SEXTA-FEIRA, DAS 13H ÀS 20H
SÁBADO E DOMINGO, DAS 14H ÀS 19H
- ÔNIBUS E ESTACIONAMENTO NAS PROXIMIDADES

Pinacoteca do Estado de São Paulo

Situada num dos bairros historicamente mais importantes da cidade, a Pinacoteca está cercada de instituições culturais que tornaram este eixo muito importante no cenário artístico e cultural da cidade de São Paulo. Nele se encontram o Museu de Arte Sacra, a Estação Júlio Prestes (com a Sala São Paulo), Arquivo Municipal (Ed. Ramos de Azevedo), antigo prédio do DOPS, que será transformado em Escola de Música, além do Parque e da Estação da Luz e do Teatro São Pedro.

O Edifício da Pinacoteca (1897-1900) foi projetado por Domiciano Rossi e por Ramos de Azevedo para sediar o Liceu de Artes e Ofícios de São Paulo. Em seus 100 anos de existência, abrigou diversas instituições além do Liceu, Escola de Belas Artes, Ginásio do Estado, Escola de Arte Dramática e até mesmo, duas vezes, as Forças Armadas. Em 1930, foi

INFO

- PRAÇA DA LUZ, 2
  01102-000
  TEL: 229-9844
  pinasp@uol.com.br
  www.spzoom.com/pinacoteca
- VISITAÇÃO: TERÇA-FEIRA A DOMINGO, DAS 10H ÀS 18H
- METRÔ LUZ
  ESTACIONAMENTO
  ÔNIBUS NAS PROXIMIDADES
- ENTRADA FRANCA ÀS QUINTAS-FEIRAS
- ACESSO E ATENDIMENTO A DEFICIENTES FÍSICOS
- VISITAS PODEM SER MONITORADAS AGENDAR ANTECIPADAMENTE
- CAFETERIA
- LOJA
- BIBLIOTECA

transformado em hospital militar getulista e em 1932 foi ocupado pelo Batalhão Santos Dumont. Vizinho ao Parque e à Estação da Luz (1869), o prédio, inacabado com relação ao projeto, destaca-se ao longo da grande avenida, como um dos muitos exemplos do ecletismo em arquitetura.

O edifício passou, em 1992, por grandes reformas, que o adaptaram às necessidades de um museu moderno com seu importante acervo. A reforma é de autoria do arquiteto Paulo Mendes da Rocha e o projeto de iluminação, de Piero Castiglioni (o mesmo do Museu D'Orsay e do Palazzo Grassi de Veneza).

Recentemente, a Pinacoteca tem ocupado para algumas de suas exposições o Pavilhão Manoel da Nóbrega, no Parque Ibirapuera, como também o Parque da Luz, com exposições de esculturas ao ar livre.

Seu acervo já possui mais de 5.000 obras, exemplares da arte brasileira dos séculos XIX e XX, com destaque para Pedro Alexandrino, José Ferraz de Almeida Júnior, Oscar Pereira da Silva, Anita Malfatti, Victor Brecheret, Tarsila do Amaral e contemporâneos já consagrados. Merece destaque especial sua coleção de esculturas de Rodin, Antoine Bourdelle e Aristide Maillol, todos de renome internacional.

A Pinacoteca promove, além das exposições permanentes de seu acervo, exposições de artistas nacionais e internacionais, de coleções que abrangem assuntos, estilos e períodos os mais variados. Possui o auditório "Alfredo Mesquita" para palestras ou projeções de filmes e vídeos e centros de restauro, museologia e pesquisa.

Sempre em busca de perfeição, esta instituição luta para conseguir a documentação fotográfica das obras da Pinacoteca e tenta aumentar o seu espaço atual para sediar ateliês de gravura e de modelo vivo.

SENAC

Fundado em 1946, mesmo período da fundação do SESI e do SENAI, o Serviço Nacional de Aprendizagem Comercial é formado por unidades especializadas: Centro de Educação Ambiental, Centro de Educação Comunitária para o Trabalho, Centro de Educação em Informática, Centro de Educação em Saúde, Centro de Educação em Turismo e Hotelaria, Centro de Idiomas, Centro de Educação em Moda, Centro de Educação em "Design" de Interiores, Centro de Tecnologia do Varejo, Centro de Tecnologia e Gestão Educacional, Centro de Tecnologia em Administração e Negócios, Centro de Tecnologia em Beleza, Editora Senac, Rede SESC-SENAC de Televisão.

INFO

- SERVIÇO NACIONAL DE APRENDIZAGEM COMERCIAL
ADMINISTRAÇÃO REGIONAL
NO ESTADO DE SÃO PAULO
VILA BUARQUE
RUA DR. VILA NOVA, 228
TEL: 3236-2000

- VISITAÇÃO: SEGUNDA A SEXTA-FEIRA, DAS 9H ÀS 21H
SÁBADO DAS 9H ÀS 14H

- METRÔ SANTA CECÍLIA

- ÔNIBUS E ESTACIONAMENTO NAS PROXIMIDADES

- CENTRO DE COMUNICAÇÃO E ARTES
RUA SCIPIÃO, 67
05047-060 - LAPA
TEL: 3872-6722
FAX: 3862-9199
cca@sp.senac.br

- FACULDADES SENAC:
INFORMAÇÕES 3236-2000

- UNIDADES OPERACIONAIS:
GUARULHOS, ITAQUERA, OSASCO, SANTANA, SANTO AMARO, SANTO ANDRÉ, TATUAPÉ, VILA PRUDENTE

SESC

O SESC, Serviço Social do Comércio, foi criado em 1946, por iniciativa do empresariado comercial, que o mantém e o administra. Uma das principais razões para a sua criação foi a de proporcionar qualificação profissional e atender às necessidades de assistência médica, e de desenvolvimento cultural e social, que desde a década de 30, devido à crescente implantação de indústrias na cidade, eram solicitadas pela grande população de comerciários. É da mesma época e com objetivos similares a criação do SENAC, SESI e SENAI.

É uma instituição de caráter privado, sem fins lucrativos, de âmbito nacional. Tem por finalidade a promoção do bem estar social, o desenvolvimento cultural e a melhoria da qualidade de vida dos trabalhadores do comércio, suas famílias e da comunidade em geral.

Possui vários centros culturais e desportivos, campestres, colônias de férias e centros especializados como os de odontologia, cinema e turismo social.

Seus programas e serviços atingem áreas muito diversificadas: cultura, desenvolvimento físico, esportes e recreação, saúde, desenvolvimento infantil e trabalho social com idosos. Cursos, seminários, debates, aulas abertas, oficinas, exposições, performances, espetáculos de teatro, de música, de dança, exposições cenográficas, eventos teatrais externos, são realizados diariamente

INFO

- SERVIÇO SOCIAL DO COMÉRCIO
  ADMINISTRAÇÃO CENTRAL
  TEL: 0800-118220
  GALERIA SESC PAULISTA
  AV. PAULISTA, 119
  TEL: 3179-3400
  sescsp@sescsp.org.br
  SESC ON LINE:
  www.sescsp.org.br
  webmaster@sescsp.com.br
- VISITAÇÃO: SEGUNDA A SEXTA-FEIRA, DAS 10H ÀS 19H
- METRÔ BRIGADEIRO. ÔNIBUS E ESTACIONAMENTO NAS PROXIMIDADES
- ACESSÍVEL A DEFICIENTES FÍSICOS

em seus diversos núcleos. É um trabalho sóciocultural da mais alta importância.

Além de todas estas atividades, devemos destacar algumas sedes pelos projetos arquitetônicos e pelos seus acervos artísticos. É o caso, por exemplo, do SESC Pompéia, inaugurado em 1982, adaptação de antiga fábrica, realizada pela arquiteta Lina Bo Bardi e equipe. É o caso também da sede da Vila Mariana, aberta ao público em 1997, projeto do escritório Bonilha e Associados, onde se encontram obras de diversos artistas, Tomie Ohtake, Francisco Niedzielski, J. C. Serroni, Telumi Helen, Aby Cohen e Lee Dawkins, entre outros.

Seus teatros, muito bem projetados, merecem ser freqüentados – Teatro Anchieta, Vila Mariana, Pompéia, Ipiranga*, Cine SESC – pela pesquisa, criatividade e qualidade dos espetáculos.

SESC Belenzinho
Av. Álvaro Ramos, 991 – Belém
– na antiga fábrica da
Companhia Paulista de Tecidos
Tel: 6096-8143
email@belezinho.sescsp.com.br

SESC Carmo
Rua do Carmo, 147 - Centro
Tel: 3105-9121
email@carmo.sescsp.com.br

SESC Cinesesc
Rua Augusta, 2075
Cerqueira César
Tel: 3082-0213
email@cinesesc.sescsp.com.br

SESC Consolação
Teatro SESC Anchieta
Rua Dr.Vila Nova, 245
Vila Buarque
Tel: 3234-3000
email@consolação.sescsp.com.br

SESC Interlagos
Av. Manoel Alves Soares, 1100
Interlagos
Tel: 5970-3500
email@interlagos.sescsp.com.br

SESC Ipiranga
Rua Bom Pastor, 822
Tel: 3340-2000
email@ipiranga.sescsp.com.br

SESC Itaquera
Av. Fernando do Espírito Santos
Alves de Mattos, 1000
Tel: 6521-7272
email@itaquera.sescsp.com.br

SESC Odontologia
Rua Florêncio de Abreu, 305
6º andar – Centro
Tel: 228-7633
email@odontologia.sescsp.com.br

SESC Paraíso
Rua Abílio Soares, 404
Tel: 3889-5600
email@paraiso.sescsp.com.br

SESC Pinheiros
Av. Rebouças, 2876
Tel: 3815-3999
email@pinheiros.sescsp.com.br

SESC Pompéia
Rua Clélia, 93
Tel: 3871-7700
email@pompeia.sescsp.com.br

SESC Roosevelt
Praça Franklin Delano
Roosevelt, 236 - República
Tel: 3259-3588
email@roosevelt.sescsp.com.br

SESC Santo Amaro
Av. Amador Bueno, 55
Tel: 5183-3110
email@santoamaro.sescsp.com.br

SESC São Caetano
Rua Piauí, 554
Tel: 453-8288
email@saocaetano.sescsp.com.br

SESC Traipu
Rua Traipu, 144 – Perdizes
Tel: 3826-8368
email@traipu.sescsp.com.br

SESC Vila Mariana
Rua Pelotas, 141
Tel: 5080-3000
email@vilamariana.sescsp.com.br

Outras unidades:
SESC Piracicaba,
Campinas, Catanduva,
Bauru, Ribeirão Preto,
São José dos Campos,
Taubaté, São Carlos,
São José do Rio Preto,
Santos, Bertioga.

Solar da Marquesa de Santos (Museu da Cidade)

Quem quiser conhecer a história da cidade deve começar visitando o Pátio do Colégio, região central, local de fundação de São Paulo de Piratininga*, em 1554, onde se encontram o Solar da Marquesa de Santos, o mais importante bem cultural do Centro Velho, último exemplar da arquitetura residencial urbana paulistana do século XVIII. Este edifício abriga o Museu da Cidade, criado em 1993. Nele funcionam exposições temporárias e permanentes como a que narra a vida de Maria Domitila de Castro Canto e Mello (a famosa Marquesa). O museu promove atividades para a terceira idade, projeção de vídeos e apresentações musicais. Os visitantes podem também consultar um arquivo de negativos e obter informações históricas preciosas.

O Solar, além do seu valor histórico-arquitetônico, é a sede central do Museu da Cidade.

INFO

- R. ROBERTO SIMONSEN, 136
PÁTIO DO COLÉGIO
01027-020
TEL: 3106-2218
FAX: 239-4238
- VISITAÇÃO: SOLAR DA MARQUESA: TERÇA-FEIRA A DOMINGO, DAS 9H ÀS 17H
- VISITA MONITORADA: TERÇA A SEXTA-FEIRA, DAS 9H ÀS 17H
- DIVISÃO TÉCNICA E ARQUIVO DE NEGATIVOS: SEGUNDA A SEXTA-FEIRA, DAS 10H ÀS 16H30
- METRÔ SÉ. ÔNIBUS NAS PROXIMIDADES

Glossário

Álea – o mesmo que aléia. Caminho (de jardim, parque, etc.) ladeado de árvores ou arbustos; alameda.

Anhangabaú – Riacho da capital paulista, hoje canalizado. Sobre ele se construiu o Vale do Anhangabaú. De *Anhangaba* – y: rio das diabruras, dos malefícios do diabo. Isto porque o rio alagava e as águas empoçadas eram causa de enfermidades.

Armaria – Conjunto de armas; armamento. A arte heráldica.

Art déco – Movimento nas artes decorativas, que surgiu na década de 1920 e dominou a década de 1930, e que, inspirado basicamente no cubismo e nos preceitos da nova arquitetura, buscava o equilíbrio dos volumes, certa singeleza linear e uma fácil adaptação à produção industrial.

Art nouveau – Estilo decorativo que floresceu aproximadamente entre 1895 e 1914, surgido como reação ao historicismo imitativo do século XIX, e que se caracteriza, em princípio, pela assimetria das linhas sinuosas, pelas formas orgânicas (longos cabelos, folhas, flores, etc.) e pela originalidade da imaginação.

Araraquara – De *arara+coara*: o buraco, o esconderijo das araras. Cidade do Estado de São Paulo.

Avanhandava – De *abá-nhandavaba*: lugar por onde o homem passa correndo por causa dos perigos que um dos saltos do rio Tietê oferece a São Paulo. Rua da cidade de São Paulo.

Bandeirista – O mesmo que bandeirante. Indivíduo pertencente a uma bandeira (expedição armada que desbravava os sertões – fins do século XVI a começos do século XVIII – a fim de cativar o gentio ou descobrir minas).

Biotério – Viveiro de cobaias e outros animais empregados em experiências de laboratório, produção de soros, vacinas, etc.

Botucatu – de ytu, vento e catu, bom: bons ares, bom clima. Cidade do Estado de São Paulo.

Butantã – De *yby*, terra; *tãtã*, duríssima. Bairro da capital paulista.

Cambuci – ou *cambucy*. Apresenta as variantes *camucym, camotim*, significando jarro, pote. Bairro da capital paulista.

Cananéia – Feminino de cananeu. Este do latim cananeus, natural do país de Canaã. Cidade do Estado de São Paulo.

Canindé – Arara – figurado: barulho, gritaria. Bairro da cidade de São Paulo.

Caxingui – Rato do banhado. Bairro da cidade de São Paulo.

Companhia das Índias – Porcelana da China, de aparecimento tardio nesse país, fabricada em grande quantidade por encomenda das companhias ocidentais de navegação para ser exportada para a Europa, sobretudo nos séculos XVII e XVIII. Conforme sua pintura, distinguem-se o tipo branco e azul, o tipo rosa e o tipo negro.

CONDEPHAAT – Conselho Nacional de Patrimônio Histórico, Artístico, Ambiental e Turístico.

Coropés – a margem do Coró. Rio murmuroso do Ceará (tem significado de rato).

Corumbataí – ou c*orumbatay*. De *corumbatá* ou *corimbatá*, pequeno peixe dos rios e y, rio: o rio dos corimbatás.

Espeleotema – Formação rochosa no interior de cavernas. Pedaços de rochas, estalagmites, etc.

Exsicata – Do latim, dessecada. Coleção de Botânica com exemplares de folhas, frutos, flores e sementes.

Filatelia – Estudo dos selos do correio que se usam nas diferentes nações, metodicamente colecionados.

Galiléia – ou galilé. Galeria adossada ao portal de uma igreja, geralmente com altura um pouco maior do que a dele.

Goitacazes – goitacaz. O nômade ou errante sem paradeiro certo.

Guabiju – De *guabi-yu*, fruto comestível da árvore guabijuzeira, da família das mirtáceas. Local do Rio Grande do Sul.

Guaicuru – Tribo de índios cavaleiros do Mato Grosso. Rua da cidade de São Paulo.

Guarapiranga – De *guara*, garça, e *piranga*, vermelha. Nome de represa da capital paulista.

Iapuranga – De *yapó*, pântano, brejo e *anga*, alma, visão, sombra, assombração: visão do pântano.

Ibirapuera – De *Ybyrá*, árvore, e *puera*, que já foi e não o é mais: mata que já foi mata. Parque da capital paulista.

Ikebana – ou Iquebana. Arte japonesa de arranjo de

flores, com regras tradicionais.

Imaginária – Figura humana bordada, pintada ou esculpida. Arte da representação de imagens sagradas.

Informalista – Arte informal. Tendência surgida nas artes plásticas européias, por volta de 1950, que repudia qualquer forma tradicional, como meio de pôr em destaque a capacidade expressiva da matéria aplicada espontaneamente.

Ipiranga – De *Y*, rio, e *piranga*, vermelho. Riacho e bairro da capital paulista.

Itambé – ou itaimbé, de ita-aimbé, a pedra afiada, ponteaguda.

Itapuranga – Imagem da pedra; pedra que emerge da água.

Itaquera – de ita, pedra e coera ou cuera, aquilo que já foi e não é mais. Então itaquera será a pedreira abandonada.

Itaú – Pedra preta, o ferro.

Itororó – De *y-toróro*. Esta repetição róró indica que o rumor das águas é muito grande. Rio que jorra barulhentamente. Rua da cidade de São Paulo.

Itu – De *y*, água, rio, e *tu*, queda d'água, cachoeira. Cidade histórica do Estado de São Paulo.

Jabaquara – De yabá, fujão e quara, refúgio, esconderijo. Antigo quilombo de escravos fugidos. Bairro da cidade de São Paulo.

Jacaré – De *ya-caré*. Aquele que olha de lado, que é torto.

Jaú – É nome de um peixe fluvial. Rio e cidade do Estado de São Paulo.

Jundiaí – ou *jundiay*. De *jundiá*, bagre, e *y*, rio: o rio dos bagres. Cidade do Estado de São Paulo.

Juqueri – ou *Juquery*. De *yu-ker-i*, planta conhecida por mimosa, uma sensitiva que parece dormir quando se lhe toca. Para o nosso índio, Juqueri significava sal, porque das folhas desta planta extraiam uma espécie de sal para temperar a comida. Rio, cidade e serra do Estado de São Paulo.

Kitsch – Termo alemão que significa pedantismo e também mamarracho, empregado para designar objetos de mau gosto, pseudo-artísticos, de qualidade vulgar ou piegas, sejam eles originalmente produzidos em massa ou de maneira artesanal.

Litúrgico – Relativo a liturgia. Culto público e oficial instituído por uma igreja. Objetos usados para este culto.

Lorgnette – Óculo utilizado em espetáculos. Pequena luneta.

Macapá – O pomar de macabas; nome de uma

fruta produzida por uma palmeira, ma-caba, a coisa gorda.

Medalhística – Estudo das medalhas e ordens honoríficas.

Meteorito – Corpo que se move pelo espaço cósmico e cai na superfície terrestre.

Modernista – Pertencente ou relativo ao modernismo. Designação genérica que abrange movimentos de vanguarda do século XX. Diz-se da obra ou do artista que a produz.

Mogi-guaçu – ou *Moji-guaçu.* Mogi, *mboi,* cobra e y, rio: rio das cobras ou rio que imita a cobra por suas curvas. Cidade de São Paulo.

Monjolo – Engenho tosco, movido a água, usado para pilar milho e, primitivamente, para descascar café.

Mooca – De *Mo-oca*, fazer casas, ranchos. Bairro da capital paulista.

Morumbi – De *Murundu, obi*: morro verde ou *mór-undu*, o montículo ou cone de terra. Morro e bairro da capital paulista.

Numismática – Ciência que se ocupa das moedas e medalhas.

Pacaembu – De *paca-yembu*, o riacho das pacas. Bairro da capital paulista.

Paramirim – De *pará*, rio ou mar e *mirim*, pequeno.

Paranapiacaba – De *paraná-apiacaba*: lugar de onde se avista o mar. Serra e cidade de São Paulo.

Piratininga – De *pira*, peixe e *tininga*, seco. Cidade, rua e bairro da capital paulista.

Pau-a-pique – Parede feita de ripas ou varas entrecruzadas e barro. Taipa.

Paulistinha – Imagem sacra de madeira, de pequeno tamanho, característica do período colonial, produzida no interior de São Paulo.

Pilotis – cada uma das colunas estruturais formadoras de um conjunto que sustenta uma construção, deixando livre, ou quase livre, o pavimento térreo.

Pinadeira – Peça usada por sapateiros e celeiros para abrir furos no couro.

Pretório – ou pretória. Sala anexa aos conventos na qual se julgavam os pleitos.

Primitivo – O mesmo que *naïf.* Diz-se de arte, especialmente a pintura, desvinculada da tradição erudita convencional e de vanguarda, e que é espontânea e popularesca na forma sempre figurativa, valendo-se de cores vivas e simbologia ingênua. Quem pratica arte *naïf.*

Puxado/a – Construção que prolonga o corpo central da casa.

Sertanista – Pessoa que se embrenha nos sertões à cata de riquezas. Bandeirante.

Sumaré – Nome de uma orquídea da qual se tira uma cola. Bairro da cidade de São Paulo.

Taipa – Parede feita de barro ou de cal e areia, utilizada no período colonial, cujas características, técnicas construtivas e componentes (conchas, óleo de baleia e até mesmo sangue de animal) variam conforme a região.

Taipa de pilão – Técnica muito empregada no período colonial; consiste em barro socado com palha num pilão e colocado num taipal para a construção de paredes. Introduziam-se, transversalmente, pequenos paus roliços envolvidos em folhas geralmente de bananeira, produzindo orifícios cilíndricos, que permitiam o ancoramento do taipal em nova posição.

Taipa de sopapo ou de mão – Diz-se da técnica da taipa cujas paredes são feitas com barro atirado com a mão, a sopapo.

Taipal – Cada uma das tábuas entre as quais se calca o barro na construção das taipas.

Tabatinguera – De *tabatinga,* barro branco, e *guera*, abandonado, fora de uso. Rua de São Paulo.

Tatuapé – De *tatu-apé*: o caminho dos tatus. Bairro da capital paulista.

Teodolito – Instrumento óptico para medir com precisão ângulos horizontais e verticais, muito usado em trabalhos geográficos e geodésicos.

Tietê – Rio e cidade de São Paulo. De *Ty*, rio e *etê*, fundo, ou *eté*, verdadeiro, legítimo. Há dúvida entre rio fundo ou rio verdadeiro, ou ainda rio de muitos tiês, canário da terra.

Tibiriçá – ou *Tibereçá,* contração de *tyby-reçaba*, a vigilância da terra, o vigia da terra, o maioral ou principal. Famoso cacique de Piratininga que muito ajudou a Anchieta.

Travertino – Mármore da região de Tívoli, Itália.

Tremembé – De *tere-membé*, o brejo que treme. Rio, bairro da cidade de São Paulo e cidade do Estado.

Ucharia – Cômodo utilizado para depósito de mantimentos variados.

Ubatuba – De *ybá-tiba*, o lugar das canoas, o porto das canoas. Cidade do Estado de São Paulo.

Vermeil – Prata dourada, que se emprega em baixelas e artefatos de luxo. A própria baixela ou o artefato.

Xingu – Rio afluente do Amazonas.

Whisky – Em português, uísque. Bebida típica do Reino Unido. Aguardente feito de grãos fermentados de centeio, milho, ou cevada.

Bibliografia

ALMEIDA, Maria Christina Barbosa de (Coord.) *et al.* *Guia de Museus Brasileiros*, USP/Pró-reitoria de Cultura e Extensão Universitária. Comissão de Patrimônio Cultural, São Paulo, 1997.

FERNANDES, Paula Porte S. (org.). *Guia dos Documentos Históricos na Cidade de São Paulo* (1554-1954). São Paulo: Ed. Hucitec/ Neps, 1998.

FERREIRA, Aurélio Buarque de Holanda. *Novo Aurélio Século XXI: o Dicionário da Língua Portuguesa.* 3ª ed. Rio de Janeiro: Ed. Nova Fronteira, 1999.

LEMOS, Carlos. *O que é Patrimônio Cultural?* São Paulo: Ed. Brasiliense, 2000.

______. *O que é arquitetura?* São Paulo: Brasiliense, 1980.

MARCONDES, Luiz Fernando. *Dicionário de Termos Artísticos*. Rio de Janeiro: Edições Pinakotheke, 1998.

PONCIANO, Levino. *Mil Faces de São Paulo.* Pequeno Dicionário Histórico e Amoroso dos Bairros de São Paulo. São Paulo: Ed. Fênix, 1999.

SEVCENKO, Nicolau. Pindorama Revisitada. *Cultura e sociedade em tempos de virada.* São Paulo: Ed. Peirópolis, 2000.

SILVEIRA Bueno, Francisco da. *Vocabulário Tupi-Guarani Português*, 3ª ed. São Paulo: Brasilivros Editora, 1984.

______. *Grande Dicionário Etmológico. Prosódico da Língua Portuguesa.* Rio de Janeiro: Ed. Lisa S.A, 1968.

SUANO, Marlene. *O que é museu?* São Paulo: Ed. Brasiliense, 1986.

As Autoras

Thereza Cavalcanti Vasques – Recife, 1939

Formada em Língua, Literatura e Civilização Francesas com exame de proficiência pela Universidade de Nancy, França. Há mais de 30 anos vem ministrando cursos de História da Arte e da Cultura em Santos, São Paulo e cidades do interior do Estado. Organiza grupos e os acompanha em viagens culturais pelo Brasil e por países da Europa.

Simona Misan – São Paulo, 1966

Formada em Arquitetura e Urbanismo pela PUCCAMP, em 1996 conclui Mestrado pela FAU-USP e em 2001 inicia programa de Doutorado no Departamento de História da FFLCH-USP. Publicou artigos sobre arte em revistas especializadas e durante seis anos ministrou cursos de História da Arte e da Arquitetura na FAU-PUCCAMP e na UNIP. Há mais de 15 anos trabalha junto a museus e instituições culturais de São Paulo.

As autoras criaram em 1998 o grupo de estudos ENTRETANTOS MUSEUS, que tem por objetivo promover o conhecimento e a importância do acervo histórico e artístico da cidade de São Paulo, por meio de palestras, cursos e visitas a museus e instituições culturais brasileiras.

Os Fotógrafos

Araquém Alcântara

Desde o início de sua carreira em 1973, documenta metodicamente os ecossistemas brasileiros, e após várias expedições formou um dos mais preciosos acervos de que se tem notícia, da fauna e flora do país. Entre 1973 e 1984 foi fotógrafo dos jornais *O Globo*, *O Estado de São Paulo*, *Jornal da Tarde*, *Cidade de Santos*, *A Tribuna* e da revista *Isto É*. Desde 1985 colabora como fotógrafo freelancer para os principais veículos de comunicação. Publicou nove livros, entre eles *Terra Brasil*, 1998 e *Brasil Iluminado*, 2000. Ganhou 32 prêmios nacionais e 3 internacionais, entre os quais, "Le Brésil des Brésiliens", no Centro Pompidou, em Paris, 1983 e "Terra Brasil", na Canning House Gallery, 1997, em Londres. Em 2001 participou da exposição "Unknown Amazon", no British Museum, em Londres. Possui fotos em acervos de vários museus e galerias, entre eles o Museu do Café, de Kobe, no Japão; o Centro Cultural Georges Pompidou, de Paris; o Museu de Arte de São Paulo e o Museu de Arte Moderna, de São Paulo. Vive e trabalha em São Paulo.

Fotos reproduzidas: capa e páginas 16, 40, 98-99, 130 e 179.

Romulo Fialdini

Inicia sua carreira como fotógrafo no Masp em 1971, onde permanece até 1974. A partir deste ano atua no campo editorial, publicitário e particularmente no trabalho fotográfico de edições de livros de Culinária (*Líbano Impressões e Culinária*: Leila Mohamed Youssef Kuczynski, 1994), de Memória de Empresas (*Rhodia* Coleção Anual, *Volkswagen* Coleção Anual) e particularmente no trabalho fotográfico de edições de livros de Arte (*Perfil de um acervo: MAC-USP* 1988, *Iberê Camargo* de Ronaldo Brito, 1994, *Arte Construtiva Brasil: Coleção Adolfo Leirner*, 1988, *No vazio do mundo: Mira Schendel*, 2000). Participou também de diversas exposições no Brasil e no exterior, entre elas: Tradição e Ruptura, SP, 1983, Bienal de Fotografia, Curitiba, 1998, O Bardi dos Artistas, SP, 2000. Vive e trabalha em São Paulo.

Fotos reproduzidas: capa e páginas 6, 60-61 e 114.

Prezado leitor da obra

Muito Prazer, São Paulo!
Guia de Museus e Instituições Culturais

Para que possamos mantê-lo informado sobre as novidades editoriais e as atividades culturais da Associação Palas Athena, solicitamos o preenchimento dos campos abaixo, remetendo o cupom para a Editora Palas Athena, Rua Serra de Paracaina, 240 - São Paulo, SP - CEP 01522-020 ou pelo FAX (0xx11) 3277-8137. E-mail: editora@palasathena.org

Nome ______________________________

Profissão ______________________________

Endereço ______________________________

Bairro ______________________________

CEP ______________________________

Cidade ____________________ Estado __________

Fone (   ) ______________________________

Fax (   ) ______________________________

E-Mail ______________________________

Áreas de interesse:

❏ Mitologia ❏ Filosofia ❏ Religiões

❏ Antropologia ❏ Educação ❏ Psicologia

❏ Outras áreas:

ACABOU-SE DE IMPRIMIR NAS OFICINAS
DA GRÁFICA PALAS ATHENA
NO VERÃO DE 2002